澳門金融

Finanças de Macau

澳門知識叢書

澳門金融

鄧偉強

三聯書店（香港）有限公司
澳門基金會

叢書整體設計　鍾文君

責任編輯　　　劉韻揚

封面設計　　　何秋雲

叢　書　名	澳門知識叢書
書　　　名	澳門金融
作　　　者	鄧偉強
聯合出版	三聯書店（香港）有限公司 香港北角英皇道 499 號北角工業大廈 20 樓 澳門基金會 澳門新馬路 61 - 75 號永光廣場 7 - 9 樓
香港發行	香港聯合書刊物流有限公司 香港新界荃灣德士古道 220-248 號 16 樓
版　　　次	2021 年 12 月香港第一版第一次印刷
規　　　格	特 32 開（120 mm × 203 mm）128 面
國際書號	ISBN 978-962-04-4897-3

© 2021 Joint Publishing (Hong Kong) Co., Ltd.

Published in Hong Kong

總序

　　對許多遊客來說，澳門很小，大半天時間可以走遍方圓不到三十平方公里的土地；對本地居民而言，澳門很大，住了幾十年也未能充分了解城市的歷史文化。其實，無論是匆匆而來、匆匆而去的旅客，還是"只緣身在此山中"的居民，要真正體會一個城市的風情、領略一個城市的神韻、捉摸一個城市的靈魂，都不是一件容易的事情。

　　澳門更是一個難以讀懂讀透的城市。彈丸之地，在相當長的時期裡是西學東傳、東學西漸的重要橋樑；方寸之土，從明朝中葉起吸引了無數飽學之士從中原和歐美遠道而來，流連忘返，甚至終老；蕞爾之地，一度是遠東最重要的貿易港口，"廣州諸舶口，最是澳門雄"，"十字門中擁異貨，蓮花座裡堆奇珍"；偏遠小城，也一直敞開胸懷，接納了來自天南海北的眾多移民，"華洋雜處無貴賤，有財無德亦敬恭"。鴉片戰爭後，歸於沉寂，成為世外桃源，默默無聞；近年來，由於快速的發展，"沒有什麼大不了的事"的澳門又再度引起世人的關注。

這樣一個城市，中西並存，繁雜多樣，歷史悠久，積澱深厚，本來就不容易閱讀和理解。更令人沮喪的是，眾多檔案文獻中，偏偏缺乏通俗易懂的讀本。近十多年雖有不少優秀論文專著面世，但多為學術性研究，而且相當部分亦非澳門本地作者所撰，一般讀者難以親近。

有感於此，澳門基金會在 2003 年 "非典" 時期動員組織澳門居民 "半天遊"（覽名勝古跡）之際，便有組織編寫一套本土歷史文化叢書之構思；2004年特區政府成立五周年慶祝活動中，又舊事重提，惜皆未能成事。兩年前，在一批有志於推動鄉土歷史文化教育工作者的大力協助下，"澳門知識叢書" 終於初定框架大綱並公開徵稿，得到眾多本土作者之熱烈響應，踴躍投稿，令人鼓舞。

出版之際，我們衷心感謝澳門歷史教育學會林發欽會長之辛勞，感謝各位作者的努力，感謝徵稿評委澳門中華教育會副會長劉羨冰女士、澳門大學教育學院單文經院長、澳門筆會副理事長湯梅笑女士、澳門歷史學會理事長陳樹榮先生和澳門理工學院公共行政高等學校婁勝華副教授以及特邀編輯劉森先生所付出的心血和寶貴時間。在組稿過程中，適逢香港聯合出版集團趙斌董事長訪澳，知悉他希望尋找澳門題材出版，乃一拍即合，成此聯合出版之舉。

澳門，猶如一艘在歷史長河中飄浮搖擺的小船，今天終於行駛至一個安全的港灣，"明珠海上傳星氣，白玉河邊看月光"；我們也有幸生活在"月出濠開鏡，清光一海天"的盛世，有機會去梳理這艘小船走過的航道和留下的足跡。更令人欣慰的是，"叢書"的各位作者以滿腔的熱情、滿懷的愛心去描寫自己家園的一草一木、一磚一瓦，使得吾土吾鄉更具歷史文化之厚重，使得城市文脈更加有血有肉，使得風物人情更加可親可敬，使得樸實無華的澳門更加動感美麗。他們以實際行動告訴世人，"不同而和，和而不同"的澳門無愧於世界文化遺產之美譽。有這麼一批熱愛家園、熱愛文化之士的默默耕耘，我們也可以自豪地宣示，澳門文化將薪火相傳，生生不息；歷史名城會永葆青春，充滿活力。

吳志良

二〇〇九年三月七日

目錄

大三巴牌坊

導言

　　外地朋友驚嘆，一個只有三十多平方公里的小城澳門，為何有兩家銀行有實力打入《亞洲週刊》公佈的 2017 年亞洲銀行 300 強內，其中澳門排名最高的是大豐銀行，其總資產比菲律賓國家銀行高，其純利亦比總資產大 1.5 倍的北海道銀行為高。澳門金融業為何如此興盛呢？

　　相信這是歷史的選擇。澳門金融業的真正萌發，可追溯至開埠之初，葡萄牙人自 16 世紀中葉逐步佔領澳門，各國商人紛紛進泊，澳門從一個簡陋的泊口發展成一個以葡萄牙商人為主，閩粵商人聚集謀生的繁榮港口城市，中西文化在澳門交匯融合，逐漸形成澳門高度開放、資金充裕和進出自由、低稅，但金融工具較為單一、對鄰近地方金融業依附性較強的微型金融體系。

　　澳門金融史是一部政治史，也是經濟史和社會史，不可相互分割。清政府實行海禁，一向依賴海上貿易的澳門雪上加霜，直至康熙二十二年（1683 年）弛禁開海後，粵海關設總口七處，外國船隻紛紛進泊澳門港。1720 年代，葡萄牙人在澳門有從事向華人和日本人提供商船抵押的業務。嘉慶二十三年（1818年），各路商販已聚集石閘門街、關前街、草堆街這三街。傳統的錢莊和銀號在清朝之前已經存在。澳門與內地和香港大致相同，早期錢莊主要從事銀兩和制錢的兌換，多為個體戶式經營。隨著類似現代的現金支票的錢票的使用和流通，錢莊亦開拓了信貸業務，澳門政府採用壓、票、銀，而民間亦通行香港銀行發行的銀紙。至於票號，出於解決遠距離不同地區資金調撥和結算需要，大致產生於 19 世紀 20 年代初，也給商業匯兌帶來便利。

19 世紀中期，清政府和英國在鴉片走私和禁煙問題上陷入僵局，英國政府下令英商撤離廣州，于仁洋面保安行隨之遷至澳門，揭開了澳門早期保險業發展史。第一次鴉片戰爭後，清政府被迫開放多個沿海口岸，香港開埠，澳門失去中國唯一轉口港的獨佔優勢，澳門經濟隨之走向下坡。這時期，澳門政府尋求以博彩業和鴉片貿易推動經濟轉型,故成立一家彩票發行站發行彩票,博彩業從此成為澳門財政稅收的重要來源。1851 年初,太平天國運動爆發,澳門成為大批華人富紳、名流避難之地,澳門的經濟再度好轉起來。由於澳門政府一直沒將發行鈔票納入議事日程,中外貨幣在澳門並存流通,催生了早期的找換店,亦由於博彩業和鴉片貿易的發展,功能性質類似現代銀行的銀號逐漸增多。

于仁洋面保安行成立

1902 年,大西洋國海外匯理銀行澳門分行開業,成為澳門金融業萌芽發展的標誌。隨著華人人口日漸增多,博彩業和銀號

衡發銀號

互相依托，各類銀號、典當業走進居民的生活之中。抗日戰爭和太平洋戰爭爆發後，因在葡萄牙管治下的澳門屬於"中立地"，鄰近地方商人紛紛來澳避難，直接推動了各類金融機構進入黃金階段，澳門亦成為亞洲黃金交易中心。隨著戰爭的結束，金融業又回復往昔在狹縫中生存發展的狀況。

　　直到 1970 年代，澳門頒佈首部銀行法（又稱舊銀行法），規範銀行和信貸業務，促使為數不少具有資本的銀號、錢莊、找換店等註冊升格為銀行，大豐銀行成為澳門歷史上首家獲命名為銀行的商業銀行。1980 年代，扮演著中央銀行和貨幣發行局角色的澳門發行機構設立，早於香港設立金融管理局 13 年。代表銀行同業的澳門銀行公會於 1985 年成立，時任大豐銀行常務董事兼總經理何厚鏗被推選為理事會主席。1990 年代，中國銀行澳門分行成為法定發鈔銀行，打破大西洋銀行一直以來的單一發鈔特權。

　　澳門特區政府成立以後，遭受亞洲金融風暴的餘波、澳門滙業銀行擠兌、全球金融海嘯等衝擊，但在博彩業開放、自由行實施以及國家惠澳政策的疊加因素下，澳門金融業的發展腳步沒有停頓，在中葡金融服務、融資租賃、資產管理、巨災保險、人民幣國債發行等多個領域立下里程碑，金融業為澳門經濟適度多元發展、大灣區金融發展作出積極貢獻。

不難發現，澳門金融業是"被錯位"發展，也是被時勢推動發展。當然，上述的簡單回顧只是開場白，不足以說明澳門金融業的小而美、小而特、小而精、小而優。

下面，筆者將以更多的筆墨來介紹澳門金融的演變和重要的里程碑，當中涉及的人物和事件不但關乎典當、銀號、銀行、保險公司、現金速遞公司、兌換店、政府擁有的郵政儲金局等古今金融機構，亦牽涉澳門元、外匯、黃金、債券等不同金融產品。全書將分四個時期為讀者介紹每個時期的標誌性事件，現在就一起來看看 200 年前的保險公司 —— 于仁洋面保安行吧。

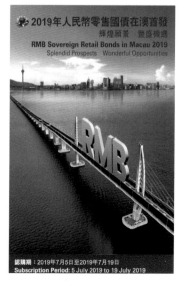

人民幣國債宣傳單張

金融業的萌發時期

早在新石器時代，澳門已有人類的足跡，秦朝正式將澳門納入中國的版圖，晉代屬東官郡，隋朝屬寶安縣，至 1152 年（南宋紹興二十二年）澳門被納入香山縣。相傳南宋皇朝傾覆之際，部分後裔遷移澳門半島定居，成為早期的澳門居民。16 世紀可以說是澳門歷史上最重要的篇章之一，廣州市舶提舉司舶口遷至澳門，葡萄牙人亦取得停靠澳門碼頭進行貿易的權利，繼而以因船隻破損須曝曬水漬貨物為由，通過賄賂官吏而進入澳門居住，其後再提出每年向官吏交納地租而正式取得在澳門居住的資格。據耶穌會士吉

《中華帝國地圖》標示澳門港（1751 年）

爾萬尼‧蒙特於 1562 年介紹澳門時指出，澳門當時有 5000 人，葡萄牙已婚人數有 800 人。在這個大背景下，澳門的金融業既存在華人地區的錢莊、銀號、典當，使用壓、票、銀、銀紙等不同形式的貨幣，亦因為歷史上加插了海上大國葡萄牙的元素，一度成為東西方重要的港口、貿易中轉站，保險業、現代銀行業務不斷拓展。

中國早期第二家燕梳 * 公司落戶澳門

保險業在中國已有 200 多年的歷史，早在 1805 年，寶順洋行和怡和洋行在廣州創建諫當保安行（Canton Insurance Society），這是外商早期在中國設立的第一家保險公司，主要經營水火險和意外險。當時外商保險公司在華的業務更多是委託洋行代理。

隨著英國廢除東印度公司（British East India Company）對華貿易的專營權，律勞卑勳爵出任首

---

* 即保險（insurance）舊譯。

位英國駐華商務總監，著名的傳教士馬禮遜被任命為律勞卑勳爵的漢文官和傳譯官。寶順洋行和怡和洋行這兩家洋行於 1835 年結束合作關係，業務由怡和洋行接管，而寶順洋行則於 1835 年在廣州創辦了于仁洋面保安行（Union Insurance Society of Canton Limited），成為外商早期在華創辦的第

馬禮遜墓紀念匾

二家保險公司，承保外輪水險。于仁洋面保安行的徽標以圓形作外框，圖案內有一艘帆船正在海面上揚帆遠航，帆船下兩人在握手，寓意合作愉快，生意一帆風順。

　　于仁洋面保安行開業後的第五年，由於清政府和英國在鴉片走私和禁煙問題上陷入僵局，英國政府

金融小學堂

保險的"乳名"

清代的魏源是第一位將西方保險思想介紹進中國的人。他在《海國圖志》卷五十一介紹英國時將保險（Insurance）譯成"擔保"："虞船貨之存失不定，則又約人擔保之。設使其船平安抵岸，每銀百兩，給保價三四圓，即如擔保一船二萬銀，則預出銀八百員；船不幸沉淪，則保人給償船主銀二萬兩。""Insurance"亦曾有一個流行而很有詩意的音譯詞，名叫"燕梳"，澳門早期有不少的保險公司名叫燕梳公司，例如商聯有限燕梳公司、美安燕梳有限公司。

《海國圖志》書影

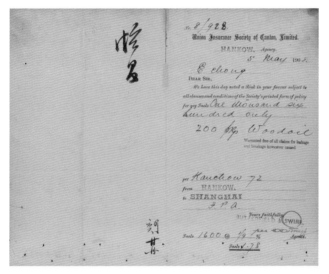

于仁洋面保安行保單（1908 年）

下令英商撤離廣州，于仁洋面保安行於 1839 年 5 月遷至澳門。隨著清政府在第一次鴉片戰爭中被英國打敗，被迫簽訂《南京條約》，將香港島割讓予英國，于仁洋面保安行亦於 1844 年遷往香港，成為最早將公司總部設在香港的保險公司。

　　國際上普遍認為 1805 年是中國早期保險業的元年，不過有文獻指出，早在 1720 年澳門已有保險儲金局，憑抵押品預支船貨抵押借款。1797 年澳門亦有一間名叫"Casa dos Seguros de Macau"的外商保險公司，這間公司是由孟買出生號稱印度商業王子的 Luis Barretto de Sousa 和他的弟弟 Joseph Barretto Senior de Sousa 創立，承保外商與中國貿易的貨物。除此之外，更有文獻指出，諫當保安行的設立之地可能不在廣州，而是在當時廣州的外港 —— 澳門，諫當保安行可讓英商繞過英國東印度公司在中國與印度之間的貿易壟斷。《廣東十三行考》指出："至於葡萄牙，則因有澳門為之憑借，慣以澳門為東道主，接納各國商人，逕與香山牙行貿易，不與十三行互市，葡人與十三行問題本無多大關係"，澳門華人行商是直接與葡萄牙人交易，不會經過中介角色的洋行。倘若上述是事實，澳門可能是中國早期第一家在華外資保險公司誕生之地，也可能將中國早期保險業的元年推前。不過這一說法仍不成熟，一切論證還留待學術界為我們揭開真相。

回顧澳門保險業的發展，其始於早期海上貿易所需，逐步發展火險和雜項保險，20 世紀 70 年代已有 30 多間保險公司。1981 年頒佈的第 50/81/M 號法令《管制本地區保險活動法令》正式規範澳門的保險活動，12 家保險公司依法重新登記並獲得許可，其後政府不斷以法規規定不同種類的強制保險，包括汽車民事責任、工作意外及職業病、裝置宣傳物及廣告物之民事責任、遊艇民事責任、旅行社職業民事責任、律師職業民事責任、醫療服務提供者職業民事責任等，促進保險業的健康發展。根據澳門金融管理局資料，截至 2020 年 12 月底，澳門共有 25 間保險公司，含 12 間人壽保險公司和 13 間一般保險公司；保險中介從業員有 7628 人，當中有個人保險代理人

保險公司

5874 人，保險代理人公司 80 間，1662 名保險推銷員，以及 12 個保險經紀人公司。

在保險市場逐漸成熟下，澳門保險業公會於 1987 年成立，現時共有 23 間會員公司，包括 10 間人壽保險公司和 13 間非人壽保險公司。保險中介人資格考試於 2002 年 1 月 1 日實施，起初由澳門金融管理局的保險監察處舉辦，隨著澳門金融學會於 2002 年 3 月成立，澳門金融管理局委任該會作為主考機構，所有的保險中介人必須通過保險中介人資格考試。

大西洋國海外匯理銀行澳門分行開業

大西洋國海外匯理銀行（今稱 "大西洋銀行"）創建於 1864 年，並於 1902 年 9 月 20 日在澳門設立分行，成為澳門第一家現代銀行業務的銀行，1960 年代曾短暫改稱為 "葡國海外銀行"。首任行長（當時稱為經理，1975 年 11 月 19 日後改稱分行行長）為年僅 32 歲的高輝利（Felix Duarte Costa），開業資金是向香港上海滙豐銀行借來的，分行員工包括 1 名經理、1 名賬冊保管員、2 名文案及 1 名職員，當年經理薪酬與職員的薪酬差距達 100 倍。

　　不過這一銀行開辦初期不太順利。有些人認為香港的英資銀行已為澳門居民提供匯兌和買賣的交易服務，葡資銀行不可能替代在澳門流通的英國貨幣，鄰近地方的市場和港口更不會接受新發行的貨幣；也有些人認為華人的錢莊非常清楚客戶的財力狀況，客戶就算沒有擔保仍可獲大筆貸款，新設的銀行不可能承擔這些風險，甚至連當時澳門議事亭副主席伯多祿（Pedro Nolasco da Silva）亦表達反對意見。然而，1902 年 4 月華人大銀號倒閉，成為設立這間銀行的催化劑。

大西洋銀行

澳門在 16 世紀中葉以後被葡萄牙逐步佔領，但此後的 300 年澳門政府都沒有將發行鈔票納入議事日程之中，當時民間主要使用銀金屬的貨幣，例如銀錠、銀元、銀毫，也使用香港發

硬幣（1974 年）

行的紙幣、墨西哥銀元，以及銀號或銀店印製的憑單等。1905 年 9 月，澳門政府與大西洋銀行簽訂合約，授權大西洋銀行為澳門政府發行法定貨幣。1906 年 1 月 19 日，澳門大西洋銀行發行面值為 1 元和 5 元的紙幣，首批鈔票由銀行經理逐張親筆簽字再撕下來發行。這些鈔票具有 "銀本位" 性質，可在香港、印度、美國一些聯繫銀行 "互相通用"，不過坊間只有向澳門政府交租、繳納賬單及稅金時才使用澳門元。1929 年，澳門政府曾試圖下令禁止外幣在澳門流通，藉此提高澳門元的法定地位，但澳門與內地和香港經貿關係密切，澳門元始終未能獨自承擔本土貨幣功能。

富蘭克林‧羅斯福 1933 年當選美國總統後，急
於擴大支出以刺激美國經濟的復甦，因此以購銀法案
來交換掌握參院七分之一票數的產銀七州國會議員
的支持。1934 年法案通過後，美國必須收購白銀來
使國庫擁有的白銀價值達所藏黃金價值的三分之一，
1933 年至 1935 年短短兩年間，銀價暴漲 3 倍。1935
年內地和香港取消銀本位，銀元亦漸漸淡出澳門的貨
幣市場，但港元在澳門仍然處於強勢。

1942 年至 1943 年，澳門金融業發生危機，錢莊
未能支付銀元，當時大西洋銀行經理和經濟廳長提
出解決方案，設立管理買賣貨幣的基金，使錢莊能
夠支付本單（一種石印中國銀元或其他銀元的存款
收據），並於 1944 年 2 月停止廣東 "雙毫"、"毫券"
在市面的流通，一切交易以澳門元作本位。大西洋銀
行獲授權印發新紙幣，名為專用貨幣替代證券（即憑
票），為保證憑票的信用價值，由澳門政府宣佈同等
貨幣保證金由葡萄牙政府支付，儲存在里斯本的葡萄
牙國家銀行。至於硬幣的發展，以澳門名義首次發行
金屬貨幣作為標誌，1952 年 6 月 19 日，葡萄牙里斯

本造幣廠為澳門鑄造 1 毫、2 毫、5 毫以及 1 元和 5 元硬幣，總值為 1500 萬元，並於 1953 年禁止外地的輔幣在澳門流通。

1989 年 7 月 1 日，澳門政府收回澳門元的發鈔權，但大西洋銀行仍為澳門的發鈔銀行。2001 年 7 月，大西洋銀行與葡萄牙儲蓄信貸銀行合併，全球的大西洋銀行均改名為葡萄牙儲蓄信貸銀行，但澳門大西洋銀行的名稱因歷史因素的考慮而保留下來。

舊時的大西洋銀行除了發行鈔票外，還向公共機構提供貸款，負責支付傳教會和駐華、駐日領事館人員薪酬，也為葡屬帝汶進行財務和出納業務。

大西洋銀行的原址在南灣街 9 號，當時每月租金為葡幣 50 元。1906 年，遷往當時的總督府地下（對面豎立歐維士*艦長石像，歐維士是首位"發現"中國的葡萄牙人），1926 年 3 月 1 日遷到現今的"大西洋銀行大樓"，1997 年改建成高層大廈，保留原樓門石，保持著古希臘風格的三角形窗楣和山花、古羅馬風格的圓拱形高大柱廊和欄河，以及花崗石砌築的牆基和石柱。"大西洋銀行大樓"已被評定為具建築藝

---

* Jorge Álvares，又譯歐華利。

歐維士艦長石像

術價值之建築物，是澳門對舊建築立面的保護及利用
之佳例。

　　大西洋銀行為澳門銀行業發展揭開序幕，單純的
兌換業務的錢莊及開展存款、借貸的銀號亦在華商的
推動下持續發展。抗日戰爭來到，令周邊地區的銀號
亦轉移至中立地澳門經營，盛極時期總數達 300 間，
但戰後銀號亦返回原地經營，僅剩下十多間原來本地

開設的銀號。後文將為讀者介紹更多銀行業的轉變，以及此過程中關鍵的人物和事件。

　　根據澳門金融管理局和統計暨普查局的資料，截至 2021 年 9 月，澳門共有 11 間本地註冊銀行、19 間外地註冊銀行，以及郵政儲金局。特區政府成立以來，銀行業從業人數持續上升，從 2000 年 3 月的 3641 人上升至 2021 年 3 月的 6985 人。

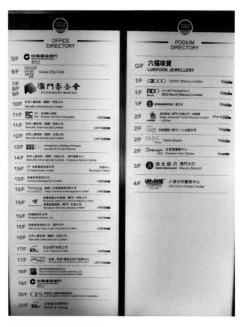

設於商廈的金融機構

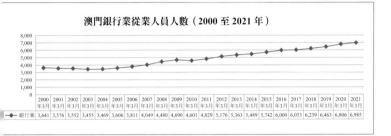

澳門銀行業從業人員人數（2000 至 2021 年）

	2000年3月	2001年3月	2002年3月	2003年3月	2004年3月	2005年3月	2006年3月	2007年3月	2008年3月	2009年3月	2010年3月	2011年3月	2012年3月	2013年3月	2014年3月	2015年3月	2016年3月	2017年3月	2018年3月	2019年3月	2020年3月	2021年3月
銀行業	3,641	3,576	3,552	3,455	3,469	3,606	3,811	4,049	4,480	4,690	4,601	4,829	5,176	5,363	5,489	5,742	6,000	6,053	6,239	6,463	6,806	6,985

金融小學堂

澳門元

　　澳門元（Pataca）的得名源自於曾在亞洲廣泛使用的銀圓 "墨西哥的八個雷亞爾"，其葡文名稱為 Pataca Mexicana，在國際標準組織 ISO 4217 中簡稱為 MOP。流通紙幣面額包括 10 圓、20 圓、50 圓、100 圓、500 圓及 1000 圓，而流通的硬幣則包括 1 角、2 角、5 角、1 圓、2 圓、5 圓及 10 圓。第三套流通硬幣中，拾圓的外環是黃銅合金，圓心為白鎳合金，圓形有齒邊，由於拾圓之後再沒有補鑄，在目前市面已十分少見。

澳門元與士姑度脫鉤

澳門是東西方一個重要的港口、貿易中轉站，包括葡萄牙等多國貨幣一直在市面流通使用。1910年10月5日葡萄牙革命前，澳門有使用葡萄牙的雷亞爾（Reis），待葡萄牙的共和制政體建立後，澳門流通使用士姑度（Escudo），同時也使用一種稱為 "Pataca" 的墨西哥銀元，1853 年 "Pataca" 被確定為澳門合法流通的貨幣，並按照 1：850 兌換雷亞爾。

1906 年 1 月 19 日起澳門元就與葡萄牙當時的貨幣士姑度掛鉤，以每 1 澳門元兌換 5 士姑度，但同時澳門元與港元之間保持著非官方 1：1 的匯價，澳門元與港元的密切關係由來已久。1954 年，葡萄牙海外組織法擬統一所有屬地使用士姑度，遭澳門大西洋銀行反對，葡方恐產生不良效果，故允許澳門成為葡萄牙唯一維持使用澳門元的海外地區，但公共預算結算貨幣仍採用士姑度。

1974 年葡萄牙發生 "四·二五" 革命，政局動盪，導致士姑度的匯價大幅波動，使澳門元與港元之間的變化幅度加寬，1975 年至 1976 年間澳門元與港元的匯價最低跌至 1.21：1 的水平。1977 年，士姑度再次貶值，澳門政府於同年 4 月 9 日決定放棄與士姑度掛鈎，改與港元建立官方的聯繫匯率，規定每 107.5 澳門元兌換 100 港元，上下浮動幅度為 1%；同時，規定澳門元與士姑度的匯率要根據里斯本和香港實施的兌率及香港元在澳門的兌率作為基礎而確定。按照當時的匯價，每 1 澳門元兌換 7.9 士姑度。

澳門元雖然是澳門法定的貨幣，但自始至終沒有獨佔市場。抗日戰爭和太平洋戰爭時期，大量香港商人移居至 "中立地" 澳門經商，1960、70 年代香港經濟迅速發展，香港大量資本進入澳門的銀行保險、海運倉儲、酒店飲食、地產建築、商業零售等行業，香港成為澳門出口加工業的最大投資者。加上澳門經濟規模較小，企業在考慮成本、稅率及貨幣兌換率等因素後，不少產品都會經過香港港口而進入澳門，澳門早期的博彩業亦依賴香港旅客，因此澳門很多貨物出現以澳門元和港元同時計價的獨有現象。

原以為澳門元與港元掛鈎較為穩定，但 1978 年

Portaria n.º 39/77/M

de 9 de Abril

Considerando que a eliminação dos desequilíbrios actualmente existentes no mercado monetário-cambial do Território terá que passar forçosamente por uma reestruturação profunda dos mecanismos que nele actuam;

Considerando que esses mecanismos não poderão deixar de traduzir os laços efectivamente existentes entre a economia do Território e os mercados externos, com especial relevância para o de Hong Kong;

Considerando que por força das características próprias do Território e da actual conjuntura do mercado monetário-cambial, a manutenção das actuais paridades entre a Pataca e as diversas moedas, se traduziria na criação permanente de pontos de rotura no normal funcionamento da economia do Território;

Tendo em conta as cotações médias já efectivamente praticadas em relação à compra e venda do Dólar de Hong Kong em Macau;

Atendendo à necessidade de alterar o sistema de ligação rígida existente, até agora, entre a Pataca e o Escudo Português;

Ouvida a Inspecção do Comércio Bancário e o Banco Nacional Ultramarino na sua qualidade de Banco Emissor do Território;

Usando da faculdade conferida pela alínea f) do n.º 1 do artigo 15.º do Estatuto Orgânico de Macau, promulgado pela Lei Constitucional n.º 1/76, de 17 de Fevereiro, o Governador de Macau manda:

1 — Os câmbios de compra e venda do Dólar de Hong Kong em Macau passam a ser estabelecidos com base na seguinte relação — Ptc. \$107,50 = HK \$100,00, admitindo-se uma margem de flutuação não superior a 1%.

2 — Os câmbios do Escudo Português passam a ser estabelecidos com base nos câmbios praticados nas praças de Lisboa e de Hong Kong e no câmbio do Dólar de Hong Kong aplicado em Macau.

3 — A cotação das restantes moedas estrangeiras será estabelecida com base nos câmbios praticados na praça de Hong Kong e no câmbio do Dólar de Hong Kong aplicado em Macau.

4 — A Inspecção do Comércio Bancário, em colaboração com o Banco Emissor, fixará diariamente os câmbios de compra e venda de acordo com o definido nas alíneas anteriores.

5 — Esta portaria entra imediatamente em vigor.

Governo de Macau, aos 7 de Abril de 1977. — O Governador, *José Eduardo Garcia Leandro.*

《澳門政府公報》(1977 年)

港元開始在外匯市場轉弱，加上出口加工業發展為澳門累計了一定的外匯儲備，澳門政府於同年 12 月 30 日宣佈調整每 100.25 澳門元兌換 100 港元，這一決定引發擠提，市民大幅拋售澳門元兌換港元。1979 年 1 月 2 日澳門政府把匯價調整為每 103.75 澳

兌換店

門元兌換 100 港元，才得以穩定局面。

歷史果然是動態發展，1983 年 9 月 23 日，中英政府代表團就香港前途問題展開的第四輪會談結束，沒有取得任何進展，香港股市震盪，影響到港元大幅貶值，9 月 24 日每 1 美元最高可兌換 9.7 港元。為應對此事件，澳門政府於 9 月 26 日宣佈澳門元對港元升值，每 99.9 澳門元兌換 100 港元，結果再次引發市民拋售澳門元兌換港元，翌日澳門政府宣佈下調匯價，兌換 100 港元買入價為 102.8 澳門元，賣出價為

以澳門元和港元同時標價的旅費

港元大幅貶值（1983 年）

103.2 澳門元，擠提事件再次平息。

1983 年 10 月 17 日，香港實行聯繫匯率制度，以 1 美元兌 7.8 港元作固定匯率，在 7.75 至 7.85 之間調節。鑑於澳門與香港均採用貨幣發行局，澳門元無形隨之間接與美元掛鉤，匯率約為 1 美元兌 8 澳門元。1988 年，澳門政府全面確立澳門元為法定貨幣。

郵政儲金局原來擁有很多物業財產

郵政儲金局於 1917 年 9 月 21 日成立，當年歸由高等郵政及電報廳負責，郵政局長亦為儲金局經理，發展至今提供的服務包括存款和貸款，還開辦與菲律賓郵政銀行和西聯匯款合作的國際匯款服務，同時還負責 "公務員貸款計劃" 的工作，為在職公務員和退休公務員提供借貸，貸款額最高可達一年固定收入的 40%。

在郵政儲金局一百周年之際，郵電局（前稱郵政局）出版《澳門歷史的小片段》相片集，收藏了許多從未公開的珍貴相片，特別記錄了上世紀的動亂年

金融小學堂

貨幣發行局制度

　　澳門採用貨幣發行局制度，這種制度有兩大特色：（一）澳門貨幣的發行須有百分之百的準備金。（二）獲政府授權的大西洋銀行和中國銀行澳門分行在澳門發行銀行紙幣時，必須按照聯繫匯率制度，以指定的匯率，即 1 港元兌 1.03 澳門元，向澳門金融管理局交付等值的港元換取無息負債證明書，作為發鈔的法定儲備。在百分之百的儲備支持下，澳門金融管理局保證澳門元對儲備貨幣（港元）的完全兌換，澳門元與港元的聯繫匯率也因此而確立。由於港元釘住美元，所以澳門元間接與美元掛鈎，匯率約為 1 美元兌 8 澳門元。

"外幣兌澳門元牌價" 網頁更新時間：2021/12/13 16:00:03

最後更新時間	貨幣	電匯買入價	電匯賣出價	票匯買入價	票匯賣出價	現鈔買入價	現鈔賣出價
16:00:03	美元	802.860	805.000	------	------	801.410	806.450
16:00:03	英鎊	1062.11	1065.52	------	------	1049.03	1078.62
16:00:03	日元	7.06880	7.09140	------	------	7.03630	7.12390
16:00:03	澳洲元	573.820	576.010	------	------	571.000	578.840
16:00:03	新西蘭元	544.300	546.330	------	------	540.860	549.780
16:00:03	加拿大元	630.300	632.160	------	------	626.750	635.720
16:00:03	瑞士法郎	869.740	872.910	------	------	865.170	877.490
16:00:03	歐元	905.980	909.330	------	------	897.130	918.190
16:00:03	新加坡元	587.240	590.480	------	------	586.030	591.690
16:00:03	丹麥克郎	------	------	------	------	------	------
16:00:03	瑞典克郎	87.5140	89.7170	------	------	------	------
16:00:03	菲律賓披索	------	------	------	------	------	------
16:00:03	泰國銖	23.5270	24.6150	------	------	22.7700	25.3730
16:00:03	新台幣	------	------	------	------	27.9870	29.8720
16:00:03	韓國元	------	------	------	------	0.60690	0.75490
16:00:03	馬來西亞元	------	------	------	------	184.690	197.430
16:00:03	汶萊元	------	------	------	------	------	------
16:00:03	印度盧比	------	------	------	------	------	------
16:00:03	阿聯酋迪拉姆	------	------	------	------	------	------
16:00:03	人民幣/澳門元	125.280	127.260	------	------	125.080	127.440
16:00:03	澳門元/人民幣	78.5792	79.8212	------	------	78.4682	79.9488

以上資料，僅供參考。

外幣兌澳門元牌價（2021 年 12 月 13 日）

郵政儲金局

新花園泳池

代，很多人因無法償還欠債，只好把自己的物業典當予儲金局，因此當年儲金局轄下擁有很多物業財產，並將物業提供予居民及其他有需要的人士居住。峰景酒店（Hotel Bela Vista）就是其中之一，其於 1999 年 3 月 29 日結業，之後一直被用作為葡萄牙駐澳門及香港總領事官邸。

　　此外，相信不少市民曾經在新花園泳池游泳。新花園泳池能夠建造，也是得益於郵政儲金局向當時澳門市政廳借貸的 50 萬元建築工程，這項申請於 1950 年 4 月 24 日被批准，新花園泳池最終於 1952 年 6 月

金融小學堂

郵政儲金局借貸

　　無論是在職或退休公務員，只要符合資格，即可向郵政儲金局申請公務員貸款。貸款服務的辦公地點較為偏僻，在澳門大堂街郵政儲金局大樓四樓，其實進入郵政儲金局大樓大堂已是三樓，上多一層就是辦公地點，門口標示"貸款"兩字。以 2019 年 8 月為例，一位公職人員做兩年借貸，累計利息為 7.88%，倘若年齡在 30 至 50 歲之間，還要額外支付 1.5% 的保險費率，平均每年 4.69% 的利息有否"著數"，就看申請者是否著急用錢了。

公務員貸款服務辦公地點

19 日開業，總造價達百餘萬元，成為遠東最具標準的游泳池，設有可容納數千觀眾的看台、兒童游泳池、飲食部等。

富商高可寧興建澳門最大的典當店舖

典當業在澳門已有 400 多年的歷史，它的發展與博彩業的興旺息息相關，過去多數典當行開設在新馬路、清平直街、庇山耶街、板樟堂等繁盛而接近賭場的地區。1557 年，澳門軍營附近就出現專門面向軍人的"營典"。1903 年澳門政府出台《澳門市當按押章程》，將典當業經營規範化。全盛時間的澳門典當業可分為"當"、"按"、"押"三種，"當"的期限最長，當期可達三年，利息最低，一些富戶會視當舖作保險庫，交上利息當保險費，將貴重的物品如首飾、古董"寄當"。"押"佔典當業很大的比例，"押"期最短，只有四個月至一年，利息最高，但由於抵押物品款項取得亦多，包括手錶、首飾、墨水筆等，現今還引入銀行刷卡取現和零售等服務，相當受到賭客的

高可寧大宅

歡迎。"按"則介於"當"和"押"兩者之間,"按"期為一或兩年,利息比"當"稍高,在"當"被淘汰後,富戶便將貴重物品寄存在"按"之內。

德成按於 1917 年 1 月 3 日開張,原為澳門富商高可寧的物業,由他和黃孔山合資開設,股本為 3.6 萬兩,以高可寧發跡的攤館"德成公司"為名,成為當時最大的當舖。同年組建富衡銀號、兆豐酒米舖、裕豐按等公司，其中富衡銀號主要出售德成按斷當的珠寶金器、古董等，形成"銀舖以為經濟周轉，當舖以為銀口生息，米舖為家庭日用所必需者"。高可寧最為人熟悉的莫過於與傅老榕（即傅德蔭）合組的泰興公司，該公司於 1937 年獲得博彩業專營權，高可寧只做出資的股東，日常經營業務由傅老榕負責，專營權合約於 1961 年 12 月 31 日期滿。

德成按由兩幢大樓組成，前幢是三層高的當樓和銀號，後幢為 7 層高 22 米貯存抵押物品的貨樓，當樓和貨樓中間有一條作隔火用的"冷巷"。德成按於 1993 年結業，為典當業"按"的時代拉下帷幕。相信很多人都聽過當舖一定有位黑口黑面的"二叔公"，

按股本

東家吩咐規矩

德成按

坐在 1.8 米高的櫃枱上與當客砍價，原來高居臨下的背後，一方面為了營造氣勢，另一方面是為防劫，萬一遇上盜匪，"二叔公"可躲藏在裝有鐵欄的櫃枱後面。一般地，"二叔公"與當客議價後，便將抵押物交由第一位員工在票枱記下當價和物品資料，再交由第二位員工用紙和繩包好，並繫上寫有序號的竹牌，然後將抵押物存放入設有廿四小時看更的貨樓，由兩名看更一內一外看守，貨樓有如碉樓，每層設有"槍眼"作監視和防盜之用。

　　2001 年澳門特區政府出資 140 萬元將這座建築物翻新，建成"文化會館"和"典當博物館"，並面向公眾開放。2004 年，德成按修復專案榮獲聯合國教科文組織"亞太文化遺產保護獎"的嘉許獎。2010年，德成按當選上海世博會城市最佳實踐區案例。

金融小學堂

蝠鼠含金錢

　　"蝠鼠含金錢"是中國典當業的象徵符號，也可見於德成按的招牌，蝙蝠和金錢是吉祥的意思，有福又有錢，寓意"福到眼前"（蝙蝠在古錢上歇息）。德成按招牌最上部分為蝠鼠的外形，裡面寫上"德成"兩字，一般從右至左

德成按招牌

讀起，下部分外形為金錢，一般為紅底，裡面寫上當舖的類型為"按"。

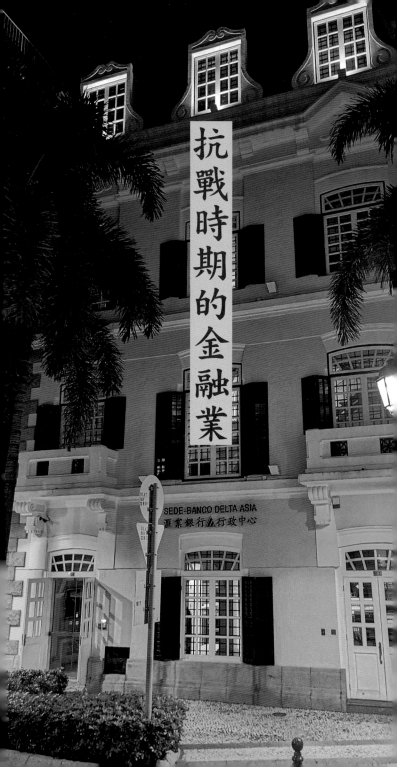

1931 年 9 月，日本發動侵華戰爭，從東北到海南，從沿海到內地，戰火蔓延，廣州和香港先後淪陷，不少企業包括金融機構轉移至澳門，澳門人口從 1930 年代約 10 多萬人暴增至 1940 年代近 40 萬人。在 "九一八事變"、"七七事變" 及太平洋戰爭的局勢下，葡萄牙又於 1932 年在日內瓦正式發表對中日衝突事件持中立立場的聲明，澳門亦因此有如一座戰火中孤島，內地和香港許多民眾來澳躲避戰火。當時澳門物資短缺，黃賭毒風氣盛行，這帶旺了典當業，造就了澳門十多年的金融業發展；亦因香港施行外匯管制和禁止黃金進口，澳門一度成為亞洲黃金交易中心。戰後，大量銀號返回原地經營，銀號數量從盛極時期約 300 間，大幅降至 10 多間，仍為原來的本地銀號。

永安押票

"中立地" 澳門迎來金融盛世

抗日戰爭和太平洋戰爭爆發後，鄰近城市廣州和香港先後淪陷，當地不少金融機構被迫關閉，並紛紛湧入作為"中立地"的澳門。當年不少銀號開設在新馬路至內港碼頭一帶，在澳的銀號和相類的商戶數目大幅上升超過 300 家，其中香港四大銀號之一的"永隆銀行"，就是一個重要代表。

一生樂善好施的伍宜孫於 1933 年創立"永隆銀號"，是香港具悠久歷史的華資銀行之一。伍宜孫的祖父早已在廣州開設昭隆銀號，後因交給其七弟經營不力而家道中落。1937 年抗日戰爭全面爆發，永隆、永亨、聯

伍宜孫

安、泰恆等在漢口組成永福行，方便資金南下避難和匯兌。1941 年香港淪陷，伍宜孫不甘心在香港做順民，決定舉家逃難到澳門。為權宜之計，香港仍保留聯絡地點，為保員工生計，他委託願意留守香港的

兩位員工改行經營燒臘舖。當時由於較多香港人到澳門和廣西柳州一帶避難，伍宜孫和弟弟伍絜宜兵分兩路，伍宜孫帶領一部分人在澳門設立"永隆銀號"。原以為澳門是"中立地"，日本未對澳門下手，但事與願違，澳門社會治安不佳，物價高漲，"永隆銀號"經營遇到不少困難。另一方面，伍絜宜轉戰柳州開設"永隆金號"，由於柳州的交通不便而未受戰爭波及，可以繼續經營常規的銀行業務和黃金買賣

永隆銀號合同簿

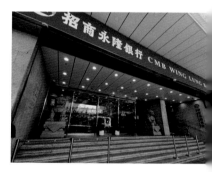

香港招商永隆銀行

生意，雖然生意難做，但這段時期贏得客戶的信譽，客戶只須持有單據，可在澳門、柳州、廣州灣（湛江

市）任何一處店舖提存款項。

1945 年戰爭結束後，10 月中旬香港金融業復業，但只可經營存貸款業務，暫不能提取舊有存款，包括 "永隆銀號" 在內的銀號和其資金回流香港和內地復業，澳門的銀號數目隨之回落到 20 家以下，澳門的 "永隆銀號" 最終於 1956 年結束營業。在香港的永隆經歷數次股份轉讓，招商銀行於 2009 年全面收購該行，改名為招商永隆銀行，並於 2010 年恢復澳門業務。

戰爭時期的澳門亦創建了不少本地銀號，例如瑞昌銀號自 1935 年設立至今已超過 80 年，現時共有 8

瑞昌銀號

澳門銀行法

在澳門現行的金融法律體系中，沒有單行的商業銀行法，只有關於信用機構的規定，銀行被納入在信用機構的範圍之內。早年對於監管銀行的法規主要是延申自葡萄牙的相關法規和經政府核准的銀行通則，澳門第一個銀行法是 1970 年葡萄牙頒佈的第 411/70 號法令，並延申至澳門刊登憲報實施。第二個銀行法是 1982 年澳門政府頒佈的第 35/82/M 號法令《管制在澳門地區銀行及信用活動的經營》。第三個也是現行的銀行法是 1993 年澳門政府頒佈的第 32/93/M 號法令，即關於《通過澳門地區金融體系的法律制度》，該法與其他法規共同規範商業銀行及商業銀行行為，例如金融及保險機構的合併及分立、本地貨幣之使用、匯兌制度、金融公司、除保險界外之金融實體的文件保存、存款保障制度、存款保障制度的補償限額及存款保障基金等。此外，總部設在澳門的本地註冊銀行的最低資本額訂定為一億元，這項規定一直實施至今。

銀號廣告（1930 年）

間店舖，提供包括人民幣等外幣找換，也是碩果僅存的本地銀號。1970 年 8 月，澳門頒佈首部澳門銀行法，其中訂定的最低資本要求為商業銀行 500 萬元、銀號 250 萬元、找換店 200 萬元，少數具充足資本的銀號成功獲准改組為商業銀行，例如大豐銀號就是第一間獲核准改組為商業銀行而達不到最低資本要求的銀號，政府准許其沿用銀號的名稱，但只可從事貨幣兌換的業務。瑞昌也是其中一個典型的例子。後至1997 年政府再訂定專門的兌換店的設立和業務的制度，兌換店不得進行給予借款或貸款，以及接受公眾之存款或其他應償還的款項的活動。

澳門成為亞洲黃金交易中心

第二次世界大戰爆發後，隨著英國向德國宣戰，香港於 1939 年 9 月 8 日實施英鎊區域的《國防金融條例》（Defence (Finance) Regulations），對外匯和資金進行管制。只有獲得香港外匯管理局授權的 19 間銀行才可從事買賣英鎊外匯、黃金出口及證券轉移等業務，而大多數華資銀行由於屬於非外匯銀行，則不

能從事黃金等業務。1944 年 7 月，44 個國家的代表
在美國新罕布什爾州 "布雷頓森林" 召開聯合國和盟
國貨幣金融會議，通過美元與黃金按每 35 美元一盎
司的官價掛鈎，成員國的貨幣與美元掛鈎，換言之，
各簽約國只能以美元作唯一貨幣來兌換黃金，簽約成
員國亦不可以私人目的來進口黃金。1949 年，根據
國際貨幣基金會的協議規定，只允許中央銀行買賣純

《防金融條例》　　　　金匠衡量黃金

度，由於英國是國際貨幣基金會的成員，直接限制了香港居民不能買賣或持有九五成色或以上的黃金，同年7月起香港金銀業貿易場只可買賣九四五成色的工業金，因此黃金在香港需求過旺。不過葡萄牙不是成員國，故不須履行限制黃金買賣的義務。香港金商注意到這一契機，澳門進口黃金只須向政府繳納進口稅便不受限制，因此他們在歐洲和南非等地購買黃金，經香港轉口運往澳門，在澳門辦理進口報關手續後，再在澳門將進口金磚熔掉，改鑄成九四五成色之五兩金條，然後以螞蟻搬家的方式將黃金從澳門轉運香港，間接造就了澳門的"黃金"歲月。

所謂上有政策，下有對策，澳門成為戰後非常重要的黃金轉運中心，當時何添、何賢、鍾子光、梁昌於1943年合股成立"和安黃金公司"，並取得了經營黃金的專利權，但實際上黃金進口貿易的控制人是當時的馬來西亞華僑、葡萄牙公民、經濟司司長羅保（Dr. Pedro José Lobo），該公司從美洲購入黃金並船運至澳門再轉至香港，轉手利潤可高達2至3倍。當時進口澳門的黃金多寄存在"大豐銀號"。1973年後，香港宣佈黃金貿易開放，取消所有外匯管制，於

金舖

是澳門黃金市場一落千丈，澳門政府也實行黃金自由進出，取消黃金專營，黃金貿易漸漸式微。

　　當然，黃金貿易亦惹來了盜賊的垂涎，威脅貨運的安全。1948 年 7 月 16 日發生的 "澳門小姐" 號劫機案，劫機犯聽聞機上載著一批 2 千兩黃金和至少 50 萬現金從澳門前往香港，起飛後不久盜賊便與機長打鬥，以致飛機失控墜海，兩天後才在九洲海面發現飛機殘骸，全機 27 人只有 1 人生還，就是其中一名劫機嫌疑犯。這架飛機是由經濟司司長羅保和梁

金融小學堂

足金與 K 金

澳門銷售的黃金產品，主要有足金金飾和俗稱為 "K 金" 或 "彩金" 飾品。一般而言，足金首飾會以金飾的重量乘上當天牌價，再加上手工價、佣金來計算售價。珠寶金行銷售的黃金商品，如果標註為 "足金" 的黃金商品，其含量純度必須不少於 990‰；18K 黃金，其含量純度標準為 750‰。出售、提供出售或為出售而展示的所有黃金貨品，須註有標記以顯示黃金含量純度，出售貨品時賣方亦須就其售出的每件貨品發出詳細的發票或收據。

標準黃金成色認證

"澳門小姐"號劫機案

昌組建的"澳門航空運輸有限公司"營運，這起劫機事件亦導致這間香港註冊的公司只經營1年8個月便結業。

恒生銀號與區宗傑之父

恒生銀號於1933年3月3日在香港成立，創辦人是林炳炎、何善衡、梁植偉、盛春霖，林炳炎出任董事長，何善衡為經理，梁植偉為副經理，盛春霖擔任董事。設立恒生銀號前，林炳炎和盛春霖已在上海

開設生大銀號和恒興銀號，而何善衡和梁植偉也在廣
州從事金銀業。"恒生"的命名，有指是內有四個三
字，與生同音，寄語"永恒生長"，亦有指是將盛春
霖的恒興銀號的"恒"和林炳炎的生大銀號的"生"
結合起來。

　　1937年抗日戰爭全面爆發，很多內地資金流入
香港，國民黨亦要用外匯購買軍備物資。由於恒生銀

香港恒生銀號舊址

號與官商關係良好，匯兌業務迅速發展。1941 年 12 月香港淪陷後，恒生銀號暫停香港的業務，林炳炎和何善衡與 18 名員工轉去澳門發展。正當他們計劃開展業務時，卻發現澳門已有一間由區氏家族經營的澳門恒生銀號，即區宗傑之父區榮諤於 1935 年創辦。最終，他們以"永華銀號"之名來經營，戰爭動亂時期人們熱衷貯藏黃金作急和保值之用，"永華銀號"以買賣黃金為主要業務。

1945 年，恒生銀號回港重整旗鼓，成為香港首批復業的銀號，後來國共內戰爆發，內地居民爭相把金元券、銀元券等兌換為美元、港元、英鎊等外幣，恒生銀號的匯兌和找換業務再度發展。香港實施對黃金進出口管制期間，由於恒生銀號與金商有良好關係，黃金和美匯買賣生意興隆，何善衡於 1946 至 1949 年間更擔任香港金銀業貿易場主席。後來，恒生銀號股東不想過於集中金銀業的單一業務，於 1946 年創立了大昌貿易行有限公司，主力經營米糧雜貨進出口兼批發業務。

1952 年恒生銀號註冊為私人有限公司，改營商業銀行業務，何善衡擔任董事長，梁植偉為副董事長，何添為總經理，後於 1960 年恒生銀號獲批銀行牌照，升格為"恒生銀行"，很快超越了華資龍頭的東亞銀行。1965 年香港房地產出現供過於求的現象，前身是找換店而後來注重房地產業務的明德銀號，因所發出的支票不能兌現，實收資本不足 100 萬港元，但存款負債卻高達 1200 萬元，資不抵債，客戶爭相提取資金，明德銀號最終向高等法院申請破產。恒生銀號受到明德銀號擠提蔓延的影響，最嚴重的一日內流失 8000 萬港元存款，面對困境時其向香港上海滙豐銀行出售 51% 股權，獲得資金，風潮才得以平息。到了 1962 年，區宗傑將業務擴展至香港，成立滙業有限公司，1974 年滙業在香港率先開設倫敦黃金買賣，1980 年區宗傑接管澳門恒生銀行，並將澳門恒生銀行與香港滙業合併，1993 年將旗下的澳門恒生銀行改名為滙業銀行。

**澳門恒生銀號升格銀行
（1973 年 4 月 25 日）**

金融小學堂

恒生指數

　　任何一個股票市場都需要有一些指數指標來反映市場表現，內地有上證指數、滬深 300 指數，美國有道瓊工業平均指數、標準普爾 500 指數及納斯達克 100 指數，而恒生指數則是香港最具代表性的市場表現指標。

　　1969 年 11 月 24 日恒生銀行將原作內部參考的"恒生指數"向外公佈，以顯示香港股票的走

恒生指數走勢

勢，以 1964 年 7 月 31 日的 100 點作為基值，以加權資本市值法來計算，發行股數越多，權數越大，資本市值也越大。現時的恒生指數共有 50 個成份股，合共佔香港股市總市值近 6 成。為反映香港股票市場各類證券的價格走勢，恒生指數於 1985 年把所有成份股納入金融、公用事業、地產及工商業四個分類指數。

　　為避免指數偏重單一股票，恒生指數設定各成份股的比重上限為 10%，截至 2021 年 8 月，恒生指數首十大成份股和股份比重依次為阿里巴巴 –SW（8.97%）、友邦保險（8.16%）、滙豐控股（7.09%）、美團 –W（7.01%）、騰訊控股（6.75%）、建設銀行（5.01%）、香港交易所（4.87%）、小米集團 –W（3.38%）、藥明生物（3.34%）、中國平安（3.15%）。

進入成長期的金融業

金融法規和制度建設是發展金融業和保障投資者的重要基礎，內地的經濟迅速成長，澳門政局穩定，令澳門金融業逐步成長。這段時期，澳門設立類似中央銀行和貨幣發行局角色的澳門發行機構，頒佈第一部銀行法，成立監管機構即澳門金融管理局前身的澳門貨幣暨匯兌監理局，中國銀行澳門分行成為繼大西洋銀行澳門分行之外的第二家代理發行機構。

澳門金融管理局

大豐銀行成為第一家商業銀行

大豐銀行前身為"大豐銀號"，在 1942 年 3 月創立，由傅老榕（即傅德蔭）、林炳炎、馬萬祺、何善衡等人出資，何賢、梁球琚、鍾子光、陳蔚文、伍宜孫、王頌獻等人參股。由於何賢非常擅長貨幣和有價證券，除了擔任大豐銀號的總經理外，亦獲聘請為大西洋銀行的華人業務部經理。

　　二戰末期，為應對鈔票荒，澳門本地作出唯一一次自行印製鈔票，稱為"憑票"。當時由於被日軍封鎖，原在馬爾克斯（現莫桑比克首都馬布多）印好的澳門元無法運抵澳門，30 歲出頭的何賢向大西洋銀行提出自印鈔票的辦法，得到時任澳門總督戴思樂的同意，並冒著危險由香港運來印鈔用紙，由當時技術最先進的先進印務有限公司印製，並由財政總局局長和大西洋銀行澳門分行經理在每張鈔票上親筆簽名，後來雙方各增加三位高層人員負責簽名，新鈔自 1944 年 2 月 28 日起發行，至戰後停用回收。

　　隨著首部澳門銀行法的實施，少數具充足資本的銀號成功獲准改組為商業銀行，大豐銀號於 1971 年率先註冊，註冊資本為 500

大豐銀行七十周年郵票

大豐銀行擠提（1983 年 10 月 4 日）

萬元，成為澳門歷史上獲命名為銀行的第一家商業銀行，何賢出任大豐銀行董事長兼總經理。到 1976 年大豐銀行已成為規模僅次於南通銀行（中國銀行澳門分行前身）的金融機構，吸儲存款逾億元。

　　1983 年秋天，何賢被確診肺癌後赴美就醫，從加拿大回澳僅一年的第五子何厚鏵接管何家大業，年僅 28 歲的青年才俊臨危受命。同年 10 月，存戶排隊提款始料不及地出現，社會充斥大豐經營不善、何賢病危、銀行擠提等謠言，大豐銀行總行和分行擠滿提取存款的人潮，不少客戶將存款轉移至南通銀行（中國銀行澳門分行前身）。10 月 12 日下午，何賢從美國回澳，在碼頭發表講話，謠言就此中止。11 月 30 日，獲大豐銀行的建議，中國銀行參股大豐銀

行，何厚鏵獲委任為常
務董事兼總經理。就在
中國銀行注資不足一周
的時間，何賢於 12 月
6 日不幸病逝，享年 75
歲。到 1984 年 9 月 13
日，中國銀行參股已達
50%，傅、何兩家仍持

大豐銀行

有約 10% 的股權，資本額已達 1.6 億元。根據《亞洲
週刊》的 2017 年亞洲銀行 300 排行榜，大豐銀行以
189.86 億美元總資產排名第 224 位，高於樂天銀行、
浙江泰隆商業銀行、菲律賓國家銀行等。

澳門金融管理局的前世今生

1960 年代，葡萄牙頒佈法令，著令包括澳門在
內的 "海外省" 組織監察信用保險和商業銀行的機
構，"銀行商務監察處" 成為澳門第一個本地的金融
監察組織，當時主要處理澳門與葡萄牙各屬地的貿易
結匯支收和監察澳門的銀號的業務，後於 1982 年解

澳門金融管理局

散並將其職能轉移至澳門發行機構。

扮演著中央銀行和貨幣發行局角色的澳門發行機構於 1980 年設立，比香港設立金融管理局早 13 年，當時選址於西灣民國馬路，被賦予負責發行澳門本地貨幣（即澳門元）的專有權，同時管理官方的外匯儲備。然而，澳門發行機構在其設立的九年間沒有直接行使發行本地紙幣的獨有權力，而是透過代理協議將發行權力授予大西洋銀行，大西洋銀行作為澳門發行機構唯一代理和支付銀行的服務，並擔任公庫出納的角色，至於硬幣則由澳門發行機構負責發行。

為體現中葡於 1987 年簽訂《中華人民共和國政府和葡萄牙共和國政府關於澳門問題的聯合聲明》的"澳門貨幣發行權屬澳門特別行政區政府"的要求，澳門政府於 1989 年成立澳門貨幣暨匯兌監理署，取代原來的澳門發行機構，在行政和財政自治權的基礎上增加財產自治權，而發行本地貨幣的專有權歸由澳

澳門銀行公會

隨著 1970 年首部澳門銀行法的實施，在澳門知名人士何賢先生的倡議下，代表銀行同業的澳門銀行公會於 1985 年 12 月 20 日成立，何厚鏵被推選為理事會主席。

澳門銀行公會

澳門銀行公會的領導機構由會員人會、理事會、常務理事會和監事會組成，中國銀行股份有限公司澳門分行和大西洋銀行有限公司常任理事。現任理事會和常務理事會主席為中國銀行股份有限公司澳門分行，副主席為大西洋銀行股份有限公司、大豐銀行股份有限公司、香港上海滙豐銀行有限公司澳門分行。監事會由中國建設銀行股份有限公司澳門分行擔任主席，理事會下設技術委員會、教育培訓部、文體康樂部、財政部及秘書處。澳門銀行公會前身為 1930 年 7 月成立的澳門銀業行，位於營地大街 94 號，至 1946 年改名為澳門銀業公會，現設於中國銀行大廈，與中央人民政府駐澳門特別行政區聯絡辦公室經濟部貿易處和中國銀行澳門分行的合規部同層，銀行公會、中央駐澳機構加上中銀的反洗錢部門相互為鄰，確實對金融的發展和監管有深層的意義。

門政府所有。受澳門政府授權的發鈔銀行發行紙幣時必須按照聯繫匯率制度以指定的匯率，即 1 港元兌1.03 澳門元，向金管當局（現為澳門金融管理局）交出等值的港元，以換取無息負債證明書；由於外地貨幣會產生利息收入，金管當局亦要承擔發鈔時所產生的成本開支。至於發行硬幣方面，由財政局行使澳門政府的權力，金管當局會"買入"硬幣，並透過銀行使其在市面流通。

澳門貨幣暨匯兌監理署於 1991 年遷入至白馬行醫院舊址、葡萄牙駐澳門及香港總領事館辦公，後於 1999 年 8 月 7 日遷入位於東望洋斜巷的新行政大樓，2000 年改名為澳門金融管理局（葡文名稱為

葡萄牙駐澳門及香港總領事館

"Autoridade Monetária de Macau"），保留原葡文名稱的縮寫 "AMCM"，開始負責澳門特別行政區儲備基金（前稱土地基金）的運作管理。

　　建議和輔助行政長官制定和施行貨幣政策是澳門金融管理局的職責之一，在聯繫匯率制度下，澳門金融管理局不像典型的中央銀行，不會主動採取緊縮性或擴張性貨幣政策來影響貨幣供應量和調節利率，貨幣供應的變化主要由國際收支平衡而定。為了實現貨幣和外匯的穩定，存款準備金的比率目前定為活期存款百分之三、三個月以內的定期存款百分之二、三個月以上的定期存款百分之一。澳門金融管理局會發行金融票據來調節金融體系內澳門元流動資金，同時澳門金融管理局通過與銀行之間的貨幣互換來調節市場資金流動性。

國際商業信貸銀行倒閉

　　過去有不少外資銀行曾在澳門開設分行，例如法國國家巴黎銀行、德意志銀行、萬國寶通銀行、渣打銀行、法國東方匯理銀行、歐亞銀行、巴西銀行，

信貸評級

信貸評級是一個國家和地區經濟體內公私營機構在公開市場發行債券和其他金融工具的發行價格或成本（息率）的主要參考指標。在 1997 年以前，由於澳門是一個微型經濟體，規模小、金融活動不活躍、國際經濟活動的影響力不足，沒有吸引任何國際評級機構為澳門進行信貸評級。1997 年，受到澳門政府之邀，穆迪投資者服務公司（Moody's Investors Service）首次公佈澳門具有 "Baa1" 長期外幣信貸評級和外幣存款評級，以及 "Prime-2" 短期本地貨幣債券和短期外幣存款評級。2003 年 1 月，負責澳門評級的穆迪副總裁史提芬希斯（Steven Hess）專程來澳調研，回程後指出澳門擁有相對強勁的外部頭寸，可與澳門特區維持其外匯收入增長能力的中期不確定性互相平衡，足以獲得更高的評級。就在史提芬希斯返回美國不足兩周，穆迪於 2 月 10 日將澳門的外幣信貸評級從 "Baa1" 調升至 "A3"，前景展望由 "穩定" 調升至 "正面"；本地貨幣信貸評級維持在 "A3"，但前景展望由 "穩定" 調升至 "正面"。調升後的

MOODY'S
INVESTORS SERVICE

🖨 Print

Rating Action: MOODY'S ASSIGNS Baa1 (LONG TERM) AND PRIME-2 (SHORT TERM) CEILINGS FOR BONDS AND BANK DEPOSITS TO MACAU

04 Nov 1997

New York, 11-04-97 -- Moody's Investors Service has assigned a Baa1 rating as a long-term foreign currency country ceiling to Macau and a Prime-2 rating to short-term debt of issuers in the territory. In addition, the agency has assigned a Baa1 foreign currency bank deposit ceiling and a Prime-2 short-term foreign currency bank deposit ceiling.

Moody's said the ratings were based on Macau's low external debt profile, its 1999 transition to become China's second Special Administrative Region, and its close economic integration with China. After the handover of the territory's administration from Portugal to China, Macau will continue to have a convertible currency pegged to the Hong Kong dollar and a currency board system. In addition, it will remain a free port and have its own regulatory and legal systems.

The government of Macau has no debt other than guarantees related to the construction of the airport, which opened in 1996. For the past decade, the government has run surpluses, with the single exception of 1995, when a fiscal deficit was incurred, again related to airport construction expenditure. The country's foreign-exchange reserves, held by the Autoridade Monetaria e Cambial de Macau (the monetary authority), are a strong $2.6 billion, while the government also has a large Land Fund.

Aside from the monetary authority's reserves, Macau's banking sector has a substantial, positive net foreign asset position of about $2.7 billion, making the territory overall a net creditor in international financial markets. The banking sector is dominated by foreign-owned banks.

Although Macau has a relatively strong financial position, Moody's said that its rating also reflected the high degree of dependence of the Macau economy and of government finance on a single industry--gambling and related tourist income. More than 50% of fiscal revenues come from gambling, and the service sector (largely tourism and gambling) is the most important source of foreign exchange revenues. During 1996 and 1997, income from this source has fallen due in part to a wave of violent crime. Although Macau also continues to have a textile industry, competition from China and the liberalization of textile quotas early in the next century make the outlook for this sector problematic. Thus, over the medium term the country's strong financial position could deteriorate unless alternative sources of revenue are developed.

MOODY'S
INVESTORS SERVICE

穆迪首次公佈澳門信貸評級

外幣信貸評級首次與內地和香港同級，而本地貨幣信貸評級仍較香港和台灣地區的 "Aa3" 級低。澳門特區政府成立 20 年來，穆迪對澳門評級有數次調整。2014 年 3 月 3 日，由於澳門特區經濟持續快速增長，財政盈餘持續增加，財政儲備不斷增加，外幣信貸評級和外幣存款評級曾調高至 "Aaa"，但 2016 年因賭收減少導致經濟的波動引起了穆迪的關注，外幣信貸評級和外幣存款評級均下調至 "Aa2"。截至 2021 年 5 月 17 日，澳門特別行政區的長期發行人信貸評級為 "Aa3"，評級展望為穩定。

而葡資的多達亞速爾銀
行、萬裕銀行、百利銀
行、商業銀行、大東銀
行等亦於澳門開設分行
或代理。其中，香港上
海滙豐銀行是首部澳門
銀行法實施後第一間獲
命名為銀行的外資銀

國際商業信貸銀行標誌

行。說到外資銀行的歷史，不得不提國際商業信貸銀
行的倒閉事件，該銀行集團的澳門分行於 1983 年 7
月 8 日至 1991 年 7 月 5 日期間開展業務。

　　1972 年在開曼群島大開曼島喬治市註冊的
國際商業信貸銀行（Bank of Credit and Commerce
International，BCCI）破產前擁有 200 多億美元資產，
在世界各地包括澳門有 100 多家分支機構。因其巨額
虧損和參與違法活動，1991 年 7 月 5 日英國等 14 個
國家的中央銀行頒令關閉該銀行集團和其附屬機構，
並於當年 12 月對該銀行集團進行清盤。儘管如此，
香港銀行監理專員在 1991 年 7 月 5 日晚發表聲明指
該銀行集團的香港分行財政狀況健全，其財政問題並
非在香港發生，與在港的國際商業信貸銀行無關。

7月7日香港政府以狀況有變為由，並表示不適宜動用外匯基金挽救外資銀行，指令國際商業信貸銀行翌日停業，存戶非常不滿和激動，引發一連串騷亂。其後，香港政府向法庭申請將國際商業信貸銀行清盤，答應在立法會申請撥款並先行墊資，讓存戶在7至9月內取回不多於四分之一的存款作應急之用。

事件轟動國際金融體系，國際商業信貸銀行（海外）有限公司澳門分行於1991年7月15日被澳門政府暫時中止活動，澳門貨幣暨匯兌監理署要為存戶和債權人提供援助方案。到1992年1月14日，由於國際商業信貸銀行被開曼島喬治市法院宣告破產和下

香港國際商業信貸銀行大廈

令清算，美國政府更沒收該銀行集團在美國審判權內所有之現存資產，其中有部分資產價值屬於澳門分行，因此澳門政府於 1992 年 4 月 6 日廢止國際商業信貸（海外）銀行從事銀行和貸款業務之許可，並對該銀行進行司法程序外之清算，國際商業信貸銀行（海外）有限公司澳門分行正式劃上句號。1993 年 1 月 11 日，國際商業信貸銀行行址拍賣，誠興銀行以 1500 萬元投得，誠興銀行後於 2009 年被收購，易名為中國工商銀行（澳門）股份有限公司。至於香港，國際商業信貸銀行大廈的名字仍然保留在九龍西尖沙咀加拿分道一幢大廈，留下一道歷史痕跡。

國際商業信貸銀行的澳門舊址

金融小學堂

存款保障制度

　　為應對 2008 年全球金融危機，維護金融體系的穩定，澳門特區政府於 2008 年 10 月宣佈為所有澳門銀行（除離岸銀行外）的客戶存款提供全額保障，直至 2010 年 12 月 31 日。其後，考慮到澳門的實際情況和參考鄰近地區存款保障的安排，決定從 2011 年 1 月 1 日起，繼續提供有關存款保障，並將保障金額將由全額調整至 50 萬元，即萬一當澳門金融管理局決議某一澳門銀行（除離岸銀行外）無法向存款人償還存款並取得行政長官的批准，或當法院判決宣告某一澳門銀行（除離岸銀行外）破產時而需要啟動存款保障基金，每名存款人在每家銀行可獲得的最高補償金額為 50 萬元，不足 50 萬元則以實際存款數額計算。2018 年 3 月，存款保障基金作出新的安排，以 "總額補償方法" 取代 "淨額補償方法"，讓同時在同一銀行持有存款和債務的存款人，毋須即時債務抵銷，可先從存款保障基金收取補償，並於稍後的清算過程中再處理其債務。

滙業銀行股份有限公司
Banco Delta Asia S.A.
www.delta-asia.com

有關澳門特區政府存款保障客戶通知

根據澳門特別行政區第9/2012號法律《存款保障制度》第三條的規定，澳門滙業銀行已於法律生效日二〇一二年十月七日成為存保基金的參加機構，因此存放於本行並符合法定保障範圍內的所有存款(客戶以澳門幣及其他外幣存放於本行的儲蓄存款、往來存款及定期存款、以及該等存款所產生的利息)均受存款保障基金所保障而獲得補償。

補償金額之訂定：

1. 每名存款人在本行可獲得的最高補償金額為澳門幣50萬元；
2. 補償由存保基金以澳門幣支付；
3. 補償以存款人在啟動保障之日本行獲保障的存款結餘，加上計算至當日的利息及扣除存款人對本行的尚有債務及計算至當日的利息後的金額為準；
4. 外幣存款的結餘須按金管局釐訂的在啟動保障之日適用的匯率折算為澳門幣結餘
5. 聯名帳戶的各持有人獲平均補償存款，但帳戶持有人之間另有協定且在啟動保障之日前已獲本行確認者除外。

此外，根據有關法律第四條的規定，客戶必須清楚明白下列之存款並**不被納入保障**的具體範圍：

不被納入保障的具體範圍
• 由任何銀行建立的存款；   • 由公共實體建立的存款；   • 回報取決於任何股票、債券、投資基金出資單位、貴金屬或其他金融產品、動產或不動產等有價物的價值的存款；   • 不記名存款證   • 其他法律規定排除者

本公告內容主要參閱第9/2012號法律《存款保障制度》，若需進一步瞭解有關存款保障的詳情，請瀏覽澳門金融管理局網址：www.amcm.gov.mo 或印務局網頁 http://images.io.gov.mo/bo/i/2012/28/lei-9-2012.pdf。

謹啟
2017 年 1 月

Hong Kong Head Office: 5/F, Euk Kwok Centre, 72 Gloucester Road, Wanchai, Hong Kong   Tel:(852) 3533 0800   Fax:(852) 2810 4493
Macau Administrative Centre: Largo do Santo Agostinho, Macau   Tel:(853) 2832 5000   Fax:(853) 8398 2093

Hong Kong   Delta Asia Group (Holdings) Limited · Delta Asia Credit Limited · Delta Asia Securities Limited · Delta Asia Consulting Company Limited ·
Delta Asia Financial Futures Limited · Delta Asia (Nominees) Limited · Delta Asia Wealth Management Limited ·
Delta Asia Secretarial Services Limited · Delta Asia Insurance Agency Limited · Delta Asia Capital Limited

Macau   Banco Delta Asia S.A. Delta Asia Properties Limited·Delta Asia Insurance Limited
China   Delta Asia Investment Consultants (GuangZhou) Limited

存款保障

中國銀行首次發行澳門元鈔票

自從 1905 年起，澳門政府就委託大西洋銀行澳門分行發行鈔票，直至 1980 年設立澳門發行機構，才收回大西洋銀行發行權。1987 年 10 月，澳門政府約晤中國銀行澳門分行總經理，要求中國銀行參與發鈔（南通銀行於 1983 年加入中銀集團成員，1987 年元旦正名為中國銀行澳門分行）。1989 年澳門政府設立澳門貨幣暨匯兌監理署，取代原來的澳門發行機構，仍委託大西洋銀行澳門分行代理發鈔。1990 年 8 月，國務院港澳事務辦公室提出中國銀行參與澳門貨幣發行的框架，1993 年中國銀行參與發鈔工作的問

中國銀行發行澳門元鈔票

南通銀行正名

題正式提交到中葡聯合聯絡小組上討論，該框架由最初提出由澳葡當局、大西洋銀行澳門分行和中國銀行澳門分行三方聯合組建發行銀行，並平均分配股份，到最終確定為由大西洋銀行澳門分行和中國銀行澳門分行共同發行，中葡聯合聯絡小組於 1994 年 7 月 12 日簽署了《中葡聯合聯絡小組關於澳門發鈔問題的會議紀要》，其中中國銀行參與發鈔的數量佔澳門元現鈔流通量的 50%。

　　隨著 1989 年 7 月 12 日簽署的發鈔代理協議在 1995 年 10 月 15 日屆滿期來臨，澳門政府於 10 月 2 日准許澳門與大西洋銀行股份有限公司及本地區與中國銀行訂立發行紙幣的代理合同，中國銀行於

中國銀行大廈

10 月 16 日首次發行澳門元鈔票，發行量為 24.87 億元，結束了鈔票完全由葡資銀行發行的歷史，中國銀行澳門分行成為繼大西洋銀行澳門分行之外的第二家代理發行機構，成為國家行使主權的重大象徵，《人民日報》更於 10 月 17 日報章上以 "中行慶祝在澳門發鈔" 和 "歡迎中行參發行澳幣" 兩大標題報導這個重要消息。

　　1995 年中國銀行發行首套澳門元鈔票，共有五種面值，包括壹拾圓、伍拾圓、壹佰圓、伍佰圓及壹仟圓。到了 1996 年第六種貳拾圓面額的鈔票才面世，簽字人是中國銀行澳門分行總經理王振鈞，根據中國銀行的資料介紹，"鈔票正面選用澳門地區具代表性的景物作為主題圖案，背面配以姿態各異、造型優雅的蓮花圖形，加上蓮花水印設計，寓意澳門素有 '蓮花地' 的美稱，體現了澳門社會與經濟的穩定、祥和、發展、繁榮"。其中，壹拾圓鈔票已於 2018 年 5 月 26 日回收。

金融小學堂

生肖賀歲鈔

2012 年 1 月，澳門特區政府許可中國銀行和大西洋銀行為慶祝 2012 年至 2023 年各年的農曆新年而發行面額為拾圓的 "生肖賀歲鈔"，以紅色作為主色調，寓意喜慶吉祥。第一套壬辰龍年生肖賀歲鈔面世，鈔票正面是列入《人類非物質文化遺產代表作名錄》的中國剪紙，體現十二生肖的形態，以及中國春節民間張貼的 "福" 字圖，展現迎春接福的習俗；襯景選用地支表並以象徵團圓的燈籠為襯托。背面圖案為中國銀行澳門分行大廈，以列入《世界歷史遺產名錄》的澳門媽閣廟與中國傳統的百子吉慶圖作襯景。

　　特區政府成立後，澳門經濟迅速發展，尤其是在博彩業的帶動下，金融業亦直接受惠。根據澳門統計暨普查局資料，2002 年金融業增加值為 42.72 億澳門元，2019 年已達 297.8 億澳門元，升幅近 6 倍。在國家的支持下，金融業作為澳門經濟適度多元產業之一，越來越被賦予更重要的任務：一方面金融業逐步加入財富管理、債券市場、融資租賃等元素，例如中央政府首次在澳門發行總規模為 20 億元人民幣國債；另一方面澳門正發揮 "中國與葡語國家經貿合作服務平台" 的獨特作用，國家開發銀行和澳門工商業發展基金共同出資設立中葡合作發展基金。此外，國際組織高度肯定澳門在打擊清洗黑錢及恐怖主義融資工作績效，澳門成為全球首個符合反清洗黑錢國際標準法律技術合規的會員，這為澳門金融業今後的發展奠定了重要基礎。

澳門反洗錢師專業協會第一屆第一次會員大會

現代金融的業務發展

　　國家"十三五"規劃明確支持澳門建設中國與葡語國家商貿合作服務平台，2003 年 10 月由中央政府發起、中華人民共和國商務部主辦、澳門特區政府承辦的第一屆"中國－葡語國家經貿合作論壇"在澳門成功舉辦，中國和葡萄牙、巴西、莫桑比克、維德角（又譯佛得角）、安哥拉、幾內亞比紹、東帝汶七個葡語國家的部長以及逾 400 位企業家出席。論壇閉幕後，部長們同意在澳門設立常設秘書處，還決定中葡

中葡論壇常設秘書處

論壇每三年在澳門舉行一屆部長級會議。2010年 11 月，時任國務院總理溫家寶在中葡論壇第三屆部長級會議上宣佈，為充分發揮中國和葡語國家的獨特優勢，促進中國和葡語國家經貿合作向著更大規模、

中葡合作發展基金

更寬領域、更高水平發展，國家將採取六個方面的政策措施，其中舉措之一是設立規模為 10 億美元的中葡合作發展基金，此基金由國家開發銀行和澳門工商業發展基金共同出資設立，中非發展基金受託管。2017 年 6 月 1 日中葡合作發展基金的總部揭牌，標誌著該基金正式落戶澳門。

澳門是國家實施人民幣國際化的試點地區和起步地區之一。2004 年中國人民銀行宣佈決定為在澳門辦理個人人民幣存款、兌換、銀行卡和匯款業務的有關銀行提供清算安排，中國銀行澳門分行獲中國人

澳門個人人民幣清算賬戶管理協議

民銀行委任為澳門個人人民幣業務清算行，成為首批
境外人民幣清算行模式的地區之一。2007 年，中國
銀行澳門分行受澳門金融管理局邀請擔任 "澳港港
元票據跨境清算業務" 的澳門地區清算代理行。2015
年，澳門人民幣清算服務再度發展，中國人民銀行批
准澳門清算行為葡語系國家銀行同業提供人民幣清算
服務，首次將服務範圍擴大至港澳及東盟以外地區。
2018 年，澳門人民幣清算行獲得批准成為人民幣跨
境支付系統（Cross-border Interbank Payment System，
簡稱 CIPS）的清算成員行，正式接入 CIPS。

　　澳門特區政府於 2016 年提出特色金融的概念，
選擇與鄰近的金融中心錯位發展。所謂的特色金融，

包括融資租賃、財富管理以及中葡人民幣清算等選項，成為澳門經濟適度多元發展的路徑。其中，在融資租賃方面，澳門大豐銀行和 LAND-G 集團於 2013年 10 月成立的萊茵大豐（澳門）國際融資租賃股份有限公司成為澳門首家融資租賃公司。2016 年 1月，澳門航空以融資租賃的方式完成向中國飛機租賃集團控制有限公司交付 4 架飛機。在財富管理方面，越來越多的銀行設立私人銀行業務，專為高端客戶提供服務，以中國銀行澳門分行為例，私人銀行業務的服務對象為個人金融資產在 100 萬美元以上的客戶。

澳門葡人之家協會

金融小學堂

葡語國家貨幣

　　8 個葡語國家原來使用 8 種不同貨幣，安哥拉使用匡撒（Kwanza，又譯寬扎），巴西使用雷亞爾（Real），維德角使用埃斯庫多（Escudo，又稱士姑度），幾內亞比紹使用西非法郎，莫桑比克使用梅蒂卡爾（Metical），葡萄牙使用歐元（Euro），聖多美和普林西比使用多布拉（Dobra），而東帝汶則用美元。下圖為 1986 年的巴西紙鈔，紙鈔正面為巴西元帥坎迪多・龍東（Candido Rondon），以巴西版圖和巴西小木屋作背景，而背面為印地安土著兒童、亞馬遜河流域的本地食品。

巴西紙鈔（1986 年）

　　2021 年出台的《橫琴粵澳深度合作區建設總體方案》提出發展現代金融產業，其中特別指出充分發揮澳門對接葡語國家的窗口作用，支持合作區打造中國－葡語國家金融服務平台；鼓勵社會資本按照市場化原則設立多幣種創業投資基金、私募股權投資基金，吸引外資加大對合作區高新技術產業和創新創業支持力度；支持在合作區開展跨境人民幣結算業務，鼓勵和支持境內外投資者在跨境創業投資及相關投資貿易中使用人民幣；支持澳門在合作區創新發展財富管理、債券市場、融資租賃等現代金融業；支持合作區對澳門擴大服務領域開放，降低澳資金融機構設立銀行、保險機構准入門檻；支持在合作區開展跨境機動車保險、跨境商業醫療保險、信用證保險等業務。相信現代金融業將有助於澳門經濟適度多元發展。

美國財政部的"洗黑錢"指控

　　2005 年 9 月 16 日澳門凌晨時間，正當澳門滙業銀行母公司滙業財經集團主席區宗傑在阿聯酋杜拜進行商務旅遊之際，美國財政部在網站上發出聲明，指出根據 2001 年 9 月 11 日事件後美國國會通過的《愛國法》，認定澳門滙業銀行為"主要洗錢嫌疑目標"，指責其向朝鮮政府機構和前線公司提供 20 多年的金融服務，根據朝鮮的需求量身定制服務，並銷售朝鮮貴金屬，偽造美金，幫助朝鮮代理商秘密進行數百萬美元的現金存款和取款等。對於美國指控滙業銀行，朝鮮政府表示強烈不滿，並杯葛朝核六方會談超過一年。

U.S. DEPARTMENT OF THE TREASURY

Press Center

Treasury Designates Banco Delta Asia as Primary Money Laundering Concern under USA PATRIOT Act

9/15/2005

JS-2720

The U.S. Department of the Treasury today designated Banco Delta Asia SARL as a "primary money laundering concern" under Section 311 of the USA PATRIOT Act because it represents an unacceptable risk of money laundering and other financial crimes.

"Banco Delta Asia has been a willing pawn for the North Korean government to engage in corrupt financial activities through Macau, a region that needs significant improvement in its money laundering controls," said Stuart Levey, the Treasury's Under Secretary for Terrorism and Financial Intelligence (TFI). "By invoking our USA PATRIOT Act authorities, we are working to protect U.S. financial institutions while warning the global community of the illicit financial threat posed by Banco Delta Asia."

In conjunction with this finding, Treasury's Financial Crimes Enforcement Network (FinCEN) issued a proposed rule that, if adopted as final, will prohibit U.S. financial institutions from directly or indirectly establishing, maintaining, administering or managing any correspondent account in the United States for or on behalf of Banco Delta Asia.

Banco Delta Asia SARL

Banco Delta Asia is located and licensed in the Macau Special Administrative Region, China. The bank operates eight branches in Macau, including a branch at a casino, and is served by a representative office in Japan. In addition, Banco Delta Asia maintains correspondent accounts in Europe, Asia, Australia, Canada, and the United States.

美國財政部聲明（2005 年）

聲明發出當日，澳門發生回歸後首次大規模排隊提款事件，存戶紛紛湧至澳門滙業銀行總行和各分行提款，短短的兩天裡，銀行一共被提走存款 3 億多元，佔當時澳門滙業銀行存款的十分之一。這件事情考驗了特區政府的管治能力，時任行政長官何厚鏵於 9 月 17 日作出批示，委派時任大西洋銀行澳門分行總經理

滙業銀行中心

兼澳門金融管理局諮詢委員蘇鈺龍和澳門金融管理局內部審計辦公室副總監李展程參與滙業銀行的管理；9 月 20 日再批示以信貸方式為滙業銀行提供資金支持；9 月 28 日設立以蘇鈺龍為主席的行政委員會接管滙業銀行，並凍結 2500 萬美元朝鮮資產，擠兌情

況在數日內回復正常。雖然何厚鏵和區宗傑兩人曾競逐首屆行政長官選舉，但如今特區政府對區宗傑施以援手，這除了要穩住澳門的金融體系之外，相信也出於何厚鏵的感同身受：1983 年澳門大豐銀行曾經發生"擠提"風波，當年大豐的負責人就是何厚鏵。

在 18 個月的接管期間，特區政府於 2006 年 8 月設立金融情報辦公室，加強清洗黑錢犯罪和資助恐怖主義犯罪的防範工作，正當社會認為朝鮮半島核問題六方會談有望一併解決與滙業銀行有關的金融制裁問題之際，美國財政部於 2007 年 3 月 15 日突然宣佈，發現有證據顯示澳門滙業銀行擁有大量的朝鮮存款是經過非法交易獲得的，決定對其採取制裁措施，並正式把澳門滙業銀行列入洗錢關注確定名單，下令美國的金融機構在 30 日內禁止與澳門滙業銀行有任何業務往來。行政長官隨後作出批示，將委任的、負責管理滙業銀行有限公司的行政委員會的任期續期六個月，事實上按照《金融體系法律制度》的規定，這個委員會只能作這次最後續期，兩年的任期已達上限。2007 年 9 月 28 日，兩年的管理期結束，特區政府決定把滙業銀行的管理權交回原股東。

金融小學堂

反洗錢師

公認反洗錢師協會（ACAMS®, Association of Certified Anti-Money Laundering Specialists）是全球最大的反洗錢專業人士組織，擁有全球 170 多個國家超過 6.3 萬名會員，會員包括反洗錢主管、合規主管、政府監管人員、執法和情報人員、內部和外部審計員、情報官員、風險管理專家、律師和註冊會計師、投資顧問、房地產行業、合規專家、諮詢顧問等。公認反洗錢師協會提供的國際公認反洗錢師資格認證（CAMS®）是反洗錢領域的專業認證，獲得各國政府、各國金融機構及監管機構的認可。CAMS 考試範圍涵蓋四大領域，包括洗錢和恐怖融資活動的風險及方法、國際反洗錢和反恐融資活動標準、反洗錢／反恐融資合規制度、開展調查和回應調查。

國際公認反洗錢師資格認證

時至今天，美國制裁滙業銀行的陰影已逐漸消散，不過使用滙業銀行自動提款機就會發現一個特點，它只提供使用銀聯卡和滙業儲蓄戶口卡服務，而沒有澳門其他銀行自動提款機常見的 VISA、MasterCard、JETCO、EPS 等網絡。不過，2020 年滙業銀行已收到美國政府的通知，在毋須承認任何責任的情況下，正式解除自 2005 年以來的制裁。

匯款到菲律賓更便利

按照 2020 年統計暨普查局的統計，在澳的菲律賓外僱超過 3.1 萬人，佔全澳 17.8 萬外僱大軍近兩成。菲律賓人在外地工作賺錢，匯錢回國養家的情況相當普遍。現金速遞公司在澳門的發展歷史較短，1997 年才有規範現金速遞公司的設立和業務制度的法規，同年第一間名為 Sociedade de Entrega de Valores PCI Express Padala (Macau), Limitada 的菲律賓資本的現金速遞公司設立。

目前，澳門共有兩家現金速遞公司，其中最大規模的是 BDO Remit，該公司是菲律賓銀行的附屬公司，分佈包括法國、意大利、西班牙、英國、加拿大、美國、日本、韓國、杜拜、香港、澳門、台灣等國家或地區，共有 19 間辦事處。BDO Remit 於 2011年進軍澳門市場，目前在澳門有 3 間辦事處，並收購上述澳門首間現金速遞公司的業務。

　　BDO Remit 的網頁非常清楚地列出各項手續費用，倘若顧客有 BDO Kabayan 的披索（又譯比索）賬戶，可以實時到賬，澳門方面的收費僅為 20 澳門元；如果想轉賬至菲律賓的英文培訓學校，可選擇填寫 "Credit to Account with Other Local Banks"，澳門方面的收費為 25 澳門元，菲律賓當地收款銀行手續

費為 50 披索，相比澳門的銀行轉賬收費以 100 澳門元起跳，顯得非常實惠。如若不想輪候排隊，記得不要在每月月底和周日到 BDO Remit 轉賬，這些時間都是菲籍朋友排隊處理業務的高峰期。

BDO Remit 宣傳單張

颱風 "天鴿" 涉巨額保險賠償

2017 年 8 月 20 日，一個名叫 "天鴿" 的颱風在呂宋以東的西北太平洋形成，21 日增強為熱帶風暴，22 日進入南海北部，23 日以中心最高風力時速 165 公里吹襲澳門。颱風雖然在珠海市登陸，但其威力已造成澳門 10 人死亡，240 多人受傷，6300 多輛車輛損毀，直接和間接經濟損失達 125.45 億元，小城滿目瘡痍，樹倒枝散。颱風 "天鴿" 是 1964 年以來澳門遭遇的最強颱風。根據澳門金融管理局的統計，保險業界共接獲超過 3000 宗涉及個人財產、水浸、意外損失、工作保險等賠償，涉及金額 38.1 億元，其中水浸和意外損失佔九成六。

貼現窗基本利率

在銀行存款，賺取利息"天經地義"，但身處量化寬鬆的時期，存款利息竟然可以是負利率，即向銀行"送錢"，還要向銀行支付"管理費"，有何道理呢？事實上，所謂的利率不僅限於存款利率，它可以是政策利率、貨幣市場利率或零售利率。澳門的政策利率就是金融管理局的基本利率，即是澳門銀行向澳門金融管理局供取短期流動資金的利率成本，有個專業名詞叫"貼現窗基本利率"。例如美國聯邦儲備委員會於 2019 年 7 月 31 日宣佈將聯邦基金利率目標區間下調 25 個基點到 2% 至 2.25% 的水平，這是自 2008 年 12 月以來美聯儲首次降息。由於澳門元與港元掛鉤，為了維持港澳聯繫匯率制度的有效運作，保持兩地政策性息率變動基本一致，澳門金融管理局跟隨香港金融管理局同步調整其基本利率，宣佈下調貼現窗基本利率 25 個基點至 2.50%。香港的相關利率調整，亦是基於港元與美元掛鉤的聯繫匯率制度。

澳門元普通活期存摺

颱風 "天鴿" 過後，
澳門基金會推出風災特別
援助計劃，其中向符合因
風災受傷的人士發放上限
3 萬元的醫療慰問金，也
向符合受災情況的住戶發
放上限 3 萬元的援助金。
同時，澳門金融管理局

"天鴿" 水浸車

表示聯絡澳門保險公會和保險公司，要求業界加快跟
進處理颱風相關的索償申請。不過，由於大部分市民
不習慣購買汽車 "全保" 或颱風水浸等自然災害獨立
險，而且保險公司亦較少受理低窪地區商戶購買 "水
險"，颱風引致的部分損失未能獲得賠償。

2019 年 8 月 1 日，特區政府推出 "中小企巨災
財產保險"，為在澳門的僱傭員工總數不超過 100 人
的中小企在八號風球或紅色風暴潮或以上警告期間所
遭受的商業財產，包括房屋（自置物業）、裝修及家
具、電子設備、電器、生財工具和機器、貨物所引致
的損毀損失提供保險保障，中小企可為每一營業場所
投保一份巨災保險，保險金額分別為 10 萬元、20 萬
元、30 萬元，對應保費為 2.5 萬元、5 萬元、7.5 萬

金融小學堂

汽車保險

澳門車多路窄，2020 年交通意外就高達 10194 宗，即平均每天就有 27 宗，真是馬路如虎口啊！在澳門，對第三人引致損害之民事責任保險（俗稱"第三保"）是屬於強制保險，沒有購買就屬於違法，有機會被科處罰款和被扣押車輛，更甚還有機會承擔民事責任或刑事責任。"第三保"保險保障車輛所有人、用益權人、保留所有權之取得人、承租人或使用人、正當持有人或駕駛員之民事責任，亦包括在故意造成之交通事故，及在搶劫、盜竊或竊用車輛時發生可歸責於犯罪行為人之交通事故中，對第三人所受損失作彌補之義務。以輕型機動車輛和重型摩托車為例，一般每宗意外最低保

民事責任保險卡 THIRD PARTY LIABILITY CARD

被保險人 Insured :		其他車號 Other Plate No.		
保險單編號 Policy No.	到期 Expiry 日月年 DD-MM-YY	本輛 Motor Vehicle	賠償限額 Limits of compensation	
	From 25-06-2019 00:00 起	廠標 Model	每起事故 Per accident	每年 Per year
	To 24-06-2020 24:00 止	註冊編號 Reg. No.	MOP1,500,000.00	MOP30,000,000.00

注意：本保險卡為保險憑証。被保險人應審慎閱讀（保險合同）、尤其載於《承保表》的各項細則內容。
第三保自負額 不影響其他條款及條件執行
Excess (TPPD) MOP 1,000.00 without prejudice other terms and condition

中國太平保險(澳門)股份有限公司
CHINA TAIPING INSURANCE (MACAU) CO., LTD.

澳門簽發日期 Issued at Macau, on : 17-06-2019
根據現行法例之規定，保險由出售本輛當日之24時終止效力。
The Policy shall cease, under the legislation in force at 24:00 hours (Midnight) on the day of sale of the Motor Vehicle.

簽署 Authorized Signatory

民事責任保險卡

險金額為 150 萬元,每年最高保險金額為 3000 萬元。

除此之外,還有兩類汽車保險,一為"車輛本身保險"之保障(第三者責任、火災及盜竊),除了包括"第三保"的保障外,被保車輛有由火災、閃電或爆炸、盜竊或搶劫風險引起的損失或毀壞,可得到賠償。另一為"車輛本身保險"之保障(綜合)(俗稱"全保"),除了包括上述兩類的保障外,被保車輛有由碰撞、相撞或翻車,玻璃破碎,水災,颱風,熱帶暴風雨,火山爆發,地震或其他自然界變異而對車輛引致之損失或損害,可得到賠償。很明顯,綜合保障的保費會是最高的,因此絕大多數的駕駛者只購買"第三保"保險。只要投保人在一定時間內沒有索賠申報,一般可獲得無索償折扣,第一個無索償年度可享有 10%,第二年有 20%,如此類推,最高可享 50% 的折扣。

元，貨物的賠償限額為總保險金融的六成。工商業發展基金同步推出“中小企巨災財產保險資助計劃”，為符合條件的中小企購買巨災保險提供年度總保費的 50% 或上限 3 萬元（以較低者為準）的資助。當日，中國太平旗下太平澳門簽出第一單“中小企巨災財產保險”，標誌著巨災保險正式實施。

巨災財產保險單張

中央政府首次在澳門發行人民幣國債

　　中央政府首次在澳門發行總規模為 20 億元人民幣國債，這是中央政府對於澳門發展金融的支持，也是國家財政部和澳門特區政府積極推動“中葡金融服務平台”建設的重要舉措，不但加快推進了澳門債券市場基礎設施的構建，為澳門債券市場未來的發展奠定穩固的基礎，還進一步強化和完善了澳門“中葡金融服務平台”功能作用，在澳門的人民幣業務發展上具有重要意義。

　　人民幣國債發行分兩部分：面向機構投資者的機構債券部分和面向澳門居民的零售債券部分。其中，機構債券部分於 2019 年 7 月 4 日定價發行，發債金額為 17 億元人民幣，票息率為 3.05%，期限為 3 年；零售債券部分於 7 月 5 日開始接受認購，發債金額為 3 億元人民幣，票息率為 3.3%，期限為 2 年。零售國債的面額為 1 萬元人民幣，每手認購金額為 1 萬元人民幣的整數倍，每個申請賬戶分配最少一手零售國債，餘下國債將按每個申請賬戶有效申請的國債數目，按比例分配予認購人士。零售國債如獲超額認購而令國家財政部無法向每個申請賬戶分配一份國債，財政部則安排其財務代理交通銀行澳門分行以抽籤方式進行分配。國債首次在澳發行，市場反應正面，居民超額認

人民幣國債銷售手冊

購近 2 倍，認購額約 5.66 億元人民幣。

　　澳門金融管理局發佈《銷售國債的簡化程序》，免除銀行對購買國債的居民進行客戶風險狀況分析，銷售對象為 18 歲以上的澳門居民；對於 65 歲或以上的長者購買國債，銀行須針對國債投資佔其資產的集中度進行簡化的風險狀況分析，過程毋須錄音或錄像，但銀行分析與銷售的人員角色必須分開，且客戶須對分析結果進行確認。

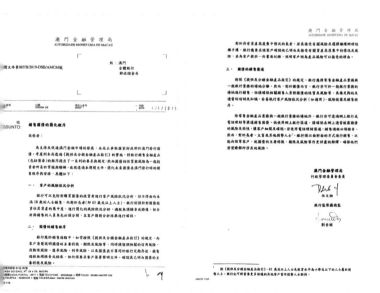

售國債的簡化程序

法定利息

　　日常生活中，人們置業、投資、做生意、購物、向朋友借錢、使用信用咭等，很多時候會以付息的方式來借貸金錢周轉，銀行一般會對貸款者的信貸評級、職業類別、收入情況等有較高要求，而財務公司審批程序一般較銀行寬鬆，但收取的利息亦較銀行為高，直到 1983 年規管財務公司的法規頒佈後，澳門才出現第一間財務公司，是由南通銀行、大西洋銀行及法國國家巴黎銀行合組的澳門發展財務有限公司，該公司於 2001 年結業。

　　借錢還息天經地義，但利率上限不能違反法律的規定。根據《民法典》，金錢借貸屬於消費借貸合同，透過該合同，甲方將金錢或其他可代替物借予乙方，而乙方則有義務返還同一種類及品質之物，當事人得約定以支付利息作為消費借貸之回報，不過所訂立的利息不能高於法定利息的三倍，否則視該合同具有暴利性質，而對於無指定利率或金額時訂定的利息亦適用法定利息。現時法定利息及在無指定利率或金額時訂定的利息均為九厘七五計，即每借出十萬元，每年的法定利息為九千七百五十元，每月八百十二元五角，最多只可收取二千四百三十七元五角。如透過違約金條款就因未返還借用物而按遲延時間定出之損害賠償，高於法定利息之五倍，則亦視有關合同具有暴利性質；如屬狹義強迫性之違約金條款，則有關處罰金額不得高於法定利息之三倍。

展望

　　澳門作為微型經濟體，在國家的支持下，特區政府成立後經濟發展迅速，但由於博彩業一業獨大，必須尋求經濟適度多元發展之路。從目前來看，澳門的金融業已有一定的基礎，金融業結構多元和金融人才儲備是後續的發展重點。筆者在此對澳門金融業的發展有五點思考：

與發展中國家合作是澳門的戰略選擇

　　無論從全球範圍來看，還是與東南亞經濟體相比，澳門經濟體量相對較小，人力資本相對較少，因此有必要集中力量聚焦比較優勢之處。一直以來香港與發達國家交流密切，澳門如要急起直追，將現有產業對接發達國家，暫不見後發優勢，因此開展與發展中國家，尤其是東南亞經濟體以及葡語國家的緊密交流既是澳門的傳統優勢，亦是重要的突破點。澳門與內地其他城市合作不是內聚化，應是產出外溢發展，越南、泰國、柬埔寨、老撾、緬甸是重要的發展中國家，它們擁有有利的初級產品和長期增長勢頭，與其合作具有國家戰略意義。澳門可加強與四川、雲南等省份的對接和與上述發展中國家周邊城市的合作，用好澳門的制度優勢，將十多年的累積轉化為澳門今後行穩發展的重要基石。

以橫琴粵澳深度合作區作為切入點發展現代金融

為了實現跨境金融合作和金融創新，可考慮以產能合作為議題，以深合區為基地，吸引鋼鐵、有色、建材、鐵路、電力、化工、輕紡、汽車、通信、工程機械、航空航太、船舶和海洋工程等企業到深合區設立葡語國家業務分部，打造其成為葡語國家工程承包、融資、營運中心；其次，以澳門機場、珠海機場、香港機場、香港港、九洲港、高欄港、斗門港、珠海港、大鏟灣、西部港、澳門郵政、香港郵政、珠海市郵政管理局、深圳郵政監管處理中心、快遞企業等重要跨境電商基礎設施為支撐，以跨境合作的方式共建葡語國家電商生態圈；拓展跨境人民幣貸款業務，尤其是開展委託貸款業務，由澳珠兩地政府、企業、個人投資者等委託人提供資金，由金融機構根據委託人的要求代為進行放貸，同時開展信貸資產轉讓業務，鼓勵澳珠兩地金融機構相互轉讓信貸資產進行融資；設立跨境現代金融服務平台，提供跨境產品發行、跨境融資租賃、跨境債券發行、跨境綠色金融交易、跨境交易結算、跨境金融一條龍服務，推動澳珠共建國際重要的融資租賃和資產管理中心，並形成先行先試的政策成果，引領泛珠、輻射東南亞、服務"一帶一路"跨境金融服務合作。

開拓建立葡語國家人民幣市場

葡語國家人民幣市場一方面是由人民幣形成的借貸市場，另一方面也包括 8 個葡語國家貨幣市場上的主要貨幣，包括美元、歐元、安哥拉匡撒、巴西雷亞爾、維德角埃斯庫多、幾內亞比紹西非法郎、莫桑比克梅蒂卡爾、聖多美和普林西比的多布拉共 8 種貨幣。澳門可考慮建立葡語國家人民幣市場，探討設立"葡語國家貨幣單位"，並引領凡經營葡語國家人民幣業務的金融機構可申請"葡語國家貨幣單位"特別執照，將葡語國家人民幣業務獨立記賬。

加快建立出口信用保險制度

出口信用保險是與貿易信貸、貿易信貸擔保並列的三大出口鼓勵政策，用以幫助企業防範出口貿易過程中的意外和風險。隨着國家"一帶一路"建設的推進，內地企業"走出去"面臨的政治風險、經濟風險、商業環境風險以及法律風險等出口風險也會隨之加大，這使內地企業對出口收匯安全的要求更加迫切。為更好地服務於中葡貿易，同時減低中國企業（包括澳門企業）向葡語國家出口商品或將中國商品（包括澳門商品）轉口至葡語國家的貿易風險，澳門可加快與內地信用保險公司的合作，加快建立出口信用保險制度。

開拓發展綠色金融

　　綠色金融得到現今各國和地區的關注，澳門首先可考慮充分發揮歐盟－澳門混合委員會的功能作用，使大灣區的綠色金融產品和服務可通過澳門對接歐盟的標準。其次，經濟發展委員會下設綠色金融的政策研究組，為澳門制定綠色金融政策作出研究和跟進。再次，研究制訂綠色金融促進法，扶持綠色金融產業或行業發展，從稅收減免、費用、貼息貸款、財政補貼以及政府採購等方面制定激勵措施，鼓勵風險投資基金、民間投資加大對節能技術研發和節能裝備製造企業投入，並對顯著表現的企業和個人給予表彰和獎勵，待發展成熟後再以管理型立法使市場現範化運作。最後，制訂相關綠色標準和綠色指標，將其納入中葡合作發展基金、工商業發展基金、中小企業相關計劃的重點資助或補貼項目，並以政府和社會資本合作方式（PPP）支援環保整治專案；對金融機構批出節能減排降碳的相關信貨和授信，以及其出售的大灣區相關的綠色金融產品和服務進行補貼，並鼓勵金融機構向綠色融資租賃企業提供更多信貸、融資及稅收支持，引領和撬動社會資金投入綠色產業。

結語

　　2017 年 8 月 14 日，美國根據 301 條款，對中國的技術和知識產權不公平貿易行為展開調查，中美戰略角力和衝突逐一浮出水面。翻開這本《澳門金融》，我們可以看到，數百年來的澳門正因為國家自身發展的環境和國際形勢的變化而發生一次又一次重大的瞬變。日光之下並無新事，新加坡現任總理李顯龍曾說："不了解歷史、起源和文化的人民，就像無根之樹。"

　　澳門金融史是一部政治史，也是經濟史和社會史，不可相互分割。澳門人口接近 70 萬，土地面積只有 32.9 平方公里，於疫情前的本地生產總值 4400 多億元，在全球經濟佔比微不足道，但澳門作為一個特別行政區，擁有異於其主權國的金融制度，在世界金融史之中是非常特殊的。本書是一本講述澳門金融發展歷程的著作，四個發展階段合共十六個標誌性事件，跨越 180 多年時間維度，展現澳門金融業從萌發時期，到抗戰時期處於"中立地"而迎來金融盛世，再進入成長期，金融體系制度逐步完善，到回歸以後澳門金融業注重"錯位發展"，勾勒出一幅色彩斑斕的歷史畫卷。讀這本《澳門金融》，有助於我們審時度勢，更好地把握在全球大變局和中國前進步伐的背景下澳門金融業的發展路向。

回想過去的人生歷程，本人對於金融業有著難捨難離的情意結，大學畢業後第一份工作就是金融行業，凌晨十二點半上班，盯著外匯市場匯率變動進行買賣操作，三點收市，六點打印日結單，九點下班，當年三個月的佣金就可買一部豐田 Corolla，可說是工作輕鬆、豐衣足食。及後，繼續考研，捨棄了復旦大學的金融工程碩士，留澳修讀數學系碩士，仍然選擇金融數學作為研究方向。為進一步強化金融業知識，我花了一年半時間修讀了一百九十二小時的金融風險管理（FRM）考證課程，也當上了反洗錢師專業協會的成員。為思考澳門金融業的發展路向，先後撰寫〈澳門在"海絲"金融服務中的作用〉、〈澳門構

建出口信用保險制度芻議〉、〈澳門公共財政盈餘合
理分配初探〉、〈澳門經濟應繼續多元發展〉、〈美聯
儲加息的兩難選擇〉、〈澳門綠色金融的萌芽與發展〉
等多篇論文和社論，也被北京大學滙豐商學院邀請擔
任大灣區綠色金融研究的專家。

在研學的過程中，本人越來越深切地感受到，
應該要將澳門金融業的歷史面貌介紹給各行各業，讓
澳門人認識澳門，為世界了解澳門、讀懂澳門開啟一
扇豐富多彩的視窗。澳門金融業的發展不會局限於這
三十多平方公里的小城市，只要敢擔當、有作為，它
的 "臂搏" 可伸長至東南亞的發展中國家甚至歐非國
家，亦可為 "一帶一路" 建設、人民幣國際化、內地
對外直接投資和其外匯存底貨幣結構等作出有力貢
獻。這本書特設金融小學堂的欄目，非常希望幫助讀
者了解澳門金融的同時，也增長金融學知識，並能在
日常生活中應用。

最後，這本書能夠面世，必須感謝澳門基金會、
香港三聯書店、澳門社會科學學會、楊開荊博士給予
圓夢的機會，也感謝很多好友的鼎力相助：王國強館

長、喻世紅主任、收藏家霍潤先生、甘雲龍博士、陳卓華博士、陳錦權博士、伍芷蕾博士、龍業成董事長、譚致寧大律師、呂英彪經理、劉康慧女士、鄭雅女士、潘仲新先生、上海財經大學博物館、澳門大學圖書館、帝銀貴金屬有限公司幫助提供了重要的圖片，關鋒博士、蘇崑顧問、陳樂禧主席、方浩銓行長為本書內容提供了重要的思路，妻子、父母、外父母及所有家人亦在本人的研學之路上給予絕對的支持和空間，在此對所有摯愛一併表示衷心的謝意。

2021 年，中國實現了第一個百年奮鬥目標，並向著第二個百年奮鬥目標邁進，《粵港澳大灣區發展規劃綱要》、《橫琴粵澳深度合作區建設總體方案》相繼出台，澳門金融業眼前正是一個千載難逢的發展機會，如何把握新形勢、抓住新機遇、乘勢前進，這將為澳門金融史寫下新篇章，十分期待這本書因此很快再有續篇。謹以這本書的出版作為紀念。

附錄

一、保險公司清單（2021 年 9 月）

資料來源：《政府公報》、澳門金融管理局。

序號	目前名稱	類別
1	中國太平保險（澳門）股份有限公司	一般保險公司
2	亞洲保險有限公司	一般保險公司
3	美亞保險香港有限公司	一般保險公司
4	三井住友海上火災保險株式會社	一般保險公司
5	聯豐亨保險有限公司	一般保險公司
6	澳門保險股份有限公司	一般保險公司
7	閩信保險有限公司（澳門分行）	一般保險公司
8	滙業保險股份有限公司	一般保險公司
9	昆士蘭保險（香港）有限公司	一般保險公司
10	安達保險澳門股份有限公司	一般保險公司
11	忠誠澳門保險股份有限公司	一般保險公司
12	巴郡保險公司	一般保險公司
13	安盛保險有限公司	一般保險公司

序號	目前名稱	類別
14	友邦保險（國際）有限公司	人壽保險公司
15	安盛保險（百慕達）有限公司	人壽保險公司
16	泰禾人壽保險（澳門）股份有限公司	人壽保險公司
17	富衛人壽保險（澳門）股份有限公司	人壽保險公司
18	加拿大人壽保險公司	人壽保險公司
19	中國太平人壽保險（澳門）股份有限公司	人壽保險公司
20	滙豐人壽保險（國際）有限公司	人壽保險公司 / 私人退休基金管理實體
21	中國人壽保險（海外）股份有限公司	人壽保險公司 / 私人退休基金管理實體
22	宏利人壽保險（國際）有限公司	人壽保險公司 / 私人退休基金管理實體
23	忠誠澳門人壽保險股份有限公司	人壽保險公司 / 私人退休基金管理實體
24	萬通保險國際有限公司	人壽保險公司 / 私人退休基金管理實體
25	聯豐亨人壽保險股份有限公司	人壽保險公司 / 私人退休基金管理實體
26	工銀（澳門）退休基金管理股份有限公司	私人退休基金管理實體
27	澳門退休基金管理股份有限公司	私人退休基金管理實體
28	友邦保險（國際）有限公司	私人退休基金管理實體
29	"太平再保險有限公司"代理辦事處	再保險公司

二、銀行清單（2021 年 9 月）

資料來源：澳門金融管理局。

序號	目前名稱	本地或外地註冊銀行
1	大豐銀行股份有限公司	本地註冊銀行
2	華僑永亨銀行股份有限公司	本地註冊銀行
3	滙業銀行股份有限公司	本地註冊銀行
4	中國工商銀行（澳門）股份有限公司	本地註冊銀行
5	澳門國際銀行股份有限公司	本地註冊銀行
6	澳門商業銀行股份有限公司	本地註冊銀行
7	澳門華人銀行股份有限公司	本地註冊銀行
8	立橋銀行股份有限公司	本地註冊銀行
9	大西洋銀行股份有限公司	本地註冊銀行
10	螞蟻銀行（澳門）股份有限公司	本地註冊銀行
11	澳門發展銀行股份有限公司	本地註冊銀行
12	香港上海滙豐銀行有限公司	外地註冊銀行
13	星展銀行(香港)有限公司	外地註冊銀行
14	中國銀行股份有限公司	外地註冊銀行
15	花旗銀行	外地註冊銀行

序號	目前名稱	本地或外地註冊銀行
16	渣打銀行	外地註冊銀行
17	廣發銀行股份有限公司	外地註冊銀行
18	永豐商業銀行股份有限公司	外地註冊銀行
19	創興銀行有限公司	外地註冊銀行
20	東亞銀行有限公司	外地註冊銀行
21	恒生銀行有限公司	外地註冊銀行
22	中信銀行（國際）有限公司	外地註冊銀行
23	交通銀行股份有限公司	外地註冊銀行
24	葡萄牙商業銀行股份有限公司	外地註冊銀行
25	第一商業銀行股份有限公司	外地註冊銀行
26	招商永隆銀行有限公司	外地註冊銀行
27	華南商業銀行股份有限公司	外地註冊銀行
28	中國建設銀行股份有限公司	外地註冊銀行
29	中國農業銀行股份有限公司	外地註冊銀行
30	中國工商銀行股份有限公司	外地註冊銀行
31	郵政儲金局	郵政儲金局

三、每 1 外幣單位兌澳門元

資料來源：澳門特別行政區政府統計暨普查局（2021）。

年份	美元	歐元	人民幣	日圓	澳洲元	新西蘭元	英鎊	加拿大元
1991	8.004	9.925	1.504	0.06	6.234	4.632	14.142	6.986
1992	7.972	10.336	1.447	0.063	5.863	4.294	14.1	6.606
1993	7.968	9.319	1.383	0.072	5.416	4.311	11.964	6.182
1994	7.96	9.444	0.924	0.078	5.825	4.729	12.198	5.83
1995	7.968	10.308	0.954	0.085	5.906	5.229	12.577	5.809
1996	7.966	9.979	0.958	0.073	6.239	5.479	12.439	5.843
1997	7.975	9.018	0.962	0.066	5.934	5.285	13.071	5.763
1998	7.979	8.953	0.964	0.061	5.02	4.282	13.22	5.388
1999	7.992	8.528	0.965	0.07	5.157	4.232	12.928	5.379
2000	8.026	7.418	0.97	0.075	4.674	3.668	12.166	5.407
2001	8.034	7.196	0.971	0.066	4.16	3.381	11.57	5.191
2002	8.033	7.598	0.971	0.064	4.37	3.731	12.077	5.119
2003	8.021	9.07	0.969	0.069	5.227	4.667	13.104	5.742
2004	8.023	9.965	0.969	0.074	5.902	5.321	14.691	6.171

年份	美元	歐元	人民幣	日圓	澳洲元	新西蘭元	英鎊	加拿大元
2005	8.011	9.972	0.978	0.073	6.106	5.644	14.582	6.612
2006	8.001	10.027	1.003	0.069	6.017	5.189	14.699	7.054
2007	8.036	11.005	1.056	0.068	6.735	5.913	16.089	7.507
2008	8.021	11.809	1.155	0.078	6.855	5.734	14.896	7.577
2009	7.984	11.131	1.169	0.085	6.327	5.072	12.516	7.027
2010	8.002	10.609	1.182	0.091	7.356	5.772	12.365	7.768
2011	8.019	11.169	1.239	0.101	8.281	6.35	12.861	8.116
2012	7.99	10.261	1.266	0.1	8.27	6.466	12.656	7.992
2013	7.989	10.608	1.301	0.082	7.732	6.55	12.491	7.758
2014	7.987	10.622	1.297	0.076	7.216	6.639	13.171	7.239
2015	7.985	8.862	1.268	0.066	6.012	5.588	12.212	6.261
2016	7.995	8.851	1.202	0.074	5.95	5.575	10.846	6.041
2017	8.026	9.068	1.189	0.072	6.155	5.708	10.335	6.189
2018	8.073	9.536	1.222	0.073	6.04	5.589	10.781	6.235
2019	8.07	9.036	1.167	0.074	5.608	5.317	10.3	6.082
2020	7.989	9.12	1.158	0.075	5.517	5.194	10.25	5.96

四、澳門貨幣供應

資料來源：澳門特別行政區政府統計暨普查局（2021）。

年份	貨幣供應 M1 （百萬澳門元）	貨幣供應 M2 （百萬澳門元）
1991	4,269.4	42,069.1
1992	6,423.1	50,800.6
1993	5,760.6	54,312.1
1994	5,236.4	61,213.3
1995	5,617.8	69,443.6
1996	5,715.9	74,332.7
1997	5,309.0	78,182.9
1998	5,508.7	80,627.6
1999	5,363.2	86,096.3
2000	4,945.4	84,917.9
2001	5,916.7	91,550.0
2002	6,350.8	98,959.3
2003	8,789.5	111,090.0
2004	13,440.7	120,947.0

年份	貨幣供應 M1 （百萬澳門元）	貨幣供應 M2 （百萬澳門元）
2005	12,788.9	135,659.8
2006	18,255.2	168,911.9
2007	22,606.6	185,540.6
2008	24,729.6	189,790.3
2009	30,606.8	212,233.3
2010	34,729.7	243,053.8
2011	36,243.3	297,963.9
2012	47,621.8	374,931.0
2013	58,937.4	441,410.5
2014	61,863.3	487,471.8
2015	61,661.3	472,829.0
2016	63,674.3	532,475.3
2017	72,392.9	591,465.6
2018	80,757.9	651,452.1
2019	88,162.0	687,520.6
2020	81,185.6	692,358.4

參 考 書 目

1. Coelho, Rogério Beltrão (1991). BNU Macau: memórias de um banco, Banco Nacional Ultramarino, pp. 113-118.

2. Conceição, Helena Vale da (2017). 澳門歷史的小片段相片集，郵電局。

3. Jack, B. and Roy, R. (1949). Macao A Dreamy Old Colony Whose Smugglers Ply the China Coast Flourishes as Richest Traffic Center of World Gold Trade. *LIFE*, 27(6), pp. 19-23.

4. Leandro Megliorini (2008). A Companhia de Seguros Indemnidade: História de Empresas no Brasil Joanino (1808-1822). *Niterói*, p. 67.

5. Manuel Teixeira (1981). Macau no Séc. XVI, Macau: Direcção dos Serviços de Educação e Cultura, p. 43.

6. Manuel Teixeira (1956-1961). Macau e a Sua Diocese,

Macau: Macau Tipografia Soi Sang. Vol. 3, pp. 135-136.

7. Peter Borscheid & Niels Viggo Haueter (2012). *World Insurance: The Evolution of a Global Risk Network*. Oxford University Press, pp. 417-418.

8. Roy Eric Xavier (2017). Luso-Asians and the Origins of Macau's Cultural Development, *Journal of the Royal Asiatic Society Hong Kong Branch*, 57, p. 197.

9. The Lost Chronicles of Macau, Part 3: https://macstudies.net/articles/the-lost-chronicles-of-macau-part-3/.

10. 丁浩：《澳門貨幣》，三聯書店（香港）有限公司，澳門基金會，2019 年。

11. 文化局，澳門從開埠至 20 世紀 70 年代社會經濟和城建方面的發展：http://www.icm.gov.mo/rc/viewer/10036/644，2021 年 10 月 12 日訪問。

12. Luis Ortet：〈走過一個世紀的澳門大西洋銀行〉，《澳門》雜誌，2002 年第 31 期，頁 38-41。

13. 李培德：〈香港華資銀行口述歷史訪問 —— 永隆

銀行〉,《史林》,2007 年 B11 期,頁 181-186。

14. 杜朝運:〈澳門貨幣制度的演變與現狀〉,《國際貿易問題》,1999 年第 7 期,頁 61-64。

15. 林廣志:《澳門之魂:晚清澳門華商與華人社會研究》,廣州:廣東人民出版社,2017 年。

16. 林廣志,呂志鵬:《澳門舊街往事》(中文版),澳門:民政總署,2013 年。

17. 陳守信:〈澳門中央銀行制度的實務運作〉,《澳門金融管理局季報》,2004 年 7 月,總第 12 期。

18. 陳守信:〈澳門現代金融業的形成與發展〉,載於《澳門史新編》(第三冊),澳門:澳門基金會,2008 年,頁 695-713。

19. 馬經:《粵港澳金融合作與發展研究》,北京:中國金融出版社,2008 年。

20. 陳廣漢、張應武:〈澳門經濟:增長特徵、隱憂與突破口〉,《澳門研究》,2009 年第 55 期,頁 56-61。

21. 張國輝:《晚清錢莊和票號研究》,北京:社會科學文獻出版社,2007 年。

22. 黃啟臣、鄭煒明編著：《澳門經濟四百年》，澳門：澳門基金會，1994 年。

23. 馮邦彥：〈回歸十年：澳門經濟的輝煌成就與深層矛盾〉，《澳門研究》，總第 57 期，頁 74-88。

24. 馮邦彥，王鶴，彭薇：〈澳門金融業的戰略定位：中葡商貿合作的金融平台〉，《澳門研究》，總第 66 期，頁 26-31。

25. 鄧偉強：〈澳門在"海絲"金融服務中的作用〉，《行政》，2017 年第 4 期，頁 137-154。

26. 歐陽琦：《澳門金融法律制度》，社會科學文獻出版社，澳門基金會，2016 年。

27. 澳門中國銀行：《澳門中國銀行大廈開幕典禮紀念特刊》，澳門：澳門中國銀行，1992 年。

28. 賴廉士（Lindsay Ride），梅麗‧賴德（May Ride）：《澳門基督教墳場》，澳門：澳門特別行政區政府文化局，2017 年。

29. 關士光：《七十年來家國：一個老香港的回憶》，多倫多：多倫多大學、約克大學聯合亞太研究中心，1999 年。

圖片出處

P.009 于仁洋面保安行成立：谷歌數字圖書館

P.013《中華帝國地圖》標示澳門港（1751 年）：霍潤攝

P.016 海國圖志書影：早稻田大學圖書館

P.017 于仁洋面保安行保單（1908 年）：上海財經大學博物館

P.030《澳門政府公報》（1977 年）：澳門政府

P.032 港元大幅貶值（1983 年）、P.053 "澳門小姐" 號劫機案，P.061 大豐銀行擠提（1983 年 10 月 4 日）：工商晚報

P.034 外幣兌澳門元牌價（2021 年 12 月 13 日）：中國銀行網站

P.044 伍宜孫，P.045 永隆銀號合同簿：澳門大學圖書館

P.045 香港招商永隆銀行，P.054 香港恒生銀號舊

址，P.070 香港國際商業信貸銀行大廈：甘雲龍攝

P.047 銀號廣告（1930 年）：華僑報

P.049 國防金融條例：University of California

P.049 金匠衡量黃金：Jack, B. & Roy, R.

P.056 澳門恒生銀號升格銀行（1973 年 4 月 25 日）：大公報

P.057 恒生指數走勢：雅虎香港

P.059 澳門金融管理局：譚致寧攝

P.060 大豐銀行七十周年郵票，P.98 人民幣國債銷售手冊：陳卓華攝

P.063 澳門金融管理局：劉力仍攝

P.068 穆迪首次公佈澳門信貸評級：穆迪網頁

P.073 存款保障：滙業銀行

P.079 澳門反洗錢師專業協會第一屆第一次會員大會：陳錦權提供

P.081 中葡合作發展基金：伍芷蕾攝

P.084 巴西紙鈔（1986 年）：帝銀貴金屬有限公司

P.086 美國財政部聲明（2005 年）：美國財政部網站

P.095 巨災財產保險單張：中國太平保險（澳門）

P.099《銷售國債的簡化程序》：澳門金融管理局網頁

其餘圖片為作者提供